Active Learning for Authentic Copresence

かかわりを拓く
アクティブ・ラーニング
●共生への基盤づくりに向けて

山地弘起 編著
Hiroki Yamaji

岡田二郎
橋本優花里
波佐間逸博
西田 治
谷 美奈
田中東子
保崎則雄
著

ナカニシヤ出版

はしがき

　近年の大学教育改革では，社会人基礎力としてさまざまな汎用的技能の習得が求められています。なかでも，とくにコミュニケーション力は産業界から最も要請されている技能であり（日本経済団体連合会（2016）など），国際共同で整理された「21世紀型スキル」においても，コミュニケーションやコラボレーションの技能は重要な柱の一つとされています（グリフィン他，2014）。

　こうした背景から，多くの大学で対人関係や言語表現，情報活用などでの基本技能育成が積極的に図られています。しかし，現在の社会人基礎力の涵養やグローバル人材の育成では現実適応が暗黙の前提となっている感があり，いわゆる21世紀型市民性（日本学術会議（2010）など）に求められる批判的・創造的な共生社会への模索は十分視野に入っていないように思われます。大きく変貌しつつある自然・社会環境や国内外を問わず頻発する文化間摩擦を目のあたりにすると，ますます緊張度を高める社会状況でいかに粘り強く共生を図っていくことができるかはこれからの世代の死活問題と考えざるを得ません。大学教育，なかでも教養教育は，社会人として必要な基本技能の訓練に終わることなく，我々の棲みこんでいる世界を相対化し共生を志向していくための基盤づくりの役割を期待されるのではないでしょうか。

　本書は，コミュニケーション教育に関する科研の共同研究[1]と長崎大学でのコミュニケーション教育の実践[2]を踏まえて，アクティブ・ラーニングによる共生への基盤づくりの一提案を世に問うものです。コミュニケーションをめぐる多様な学習分野を大きく「第Ⅰ部　ヒトを学ぶ」「第Ⅱ部　体験に学ぶ」「第Ⅲ部　メディアを学ぶ」の3部に分け，それぞれに2ないし3章を配しています。そして全体構成を，アクティブ・ラーニングの工夫と共生を志向する学習内容とを撚り合わせる形とし，章を読み進めるなかでアクティブ・ラーニング

---

1) 平成23年度〜26年度 基盤研究C「大学におけるコミュニケーション教育の総合的カリキュラムの開発とFDへの展開」（課題番号23501111 研究代表者 山地弘起）
2) 平成24年度〜26年度 長崎大学全学モジュール「コミュニケーション実践学」（テーマ責任者 山地弘起）

の基本的留意点からより高次のアクティブ・ラーニングの工夫へ，また基礎的な学習内容からより批判的・創造的な学習内容へ，順次検討できるようにしてみました。

　なお，本書では，アクティブ・ラーニングを「思考を活性化する学習活動」と広く定義します。例えば，実際にやってみて振り返る，意見を出し合って考える，わかりやすく情報をまとめ直す，知識を応用して問題を解くなど，より深くわかるようになることやよりうまくできるようになることをめざして行われる学習活動がそれにあたります。逆に，思考が十分活性化されない学習とは，単に手続き的に行われる作業，例えば板書を写すだけであったり，内容を暗記するだけであったり，あるいは一見アクティブ・ラーニングのようにみえても，焦点のない話し合いであったり指示に沿っただけの実験・実習であったりする場合をさします。共生への基盤づくりにあたっては，自覚的・対話的に思考を深めていく機会が不可欠ですので，アクティブ・ラーニングを促進することは前提となります。

　本書の各章は，まず共生に向けてのメッセージ・テキスト，次いでその内容の学習の意義，実際のアクティブ・ラーニング事例，最後にそれを踏まえた授業化のヒントといった共通の節立てで構成しています。授業化のヒントでは，読者が応用しやすいよう，学習効果を高めるためのポイントの提案やキーワード解説，関連リソースの紹介を含めました。

　こうした試みがどの程度成功しているかは読者の方々のご叱正に俟つしかありませんが，少しでも授業のなかで共生への基盤づくりに取り組んでみたいと思われる方に，本書が何がしかのヒントを提供できることを祈るばかりです。

　ナカニシヤ出版の米谷龍幸さんには，本書の構想段階から大変お世話になりました。ここに記して謝意を表します。

2016 年 6 月

編者

山地弘起

【引用・参考文献】

グリフィン, P.・マクゴー, B.・ケア, E. [編] ／三宅なほみ [監訳] ／益川弘如・望月俊男 [編訳] (2014). 21世紀型スキル―学びと評価の新たなかたち　北大路書房 (Griffin, P., McGaw, B., & Care, E. (Eds.). (2012). *Assessment and teaching of 21st century skills*. Dordrecht, NE: Springer.)

日本学術会議 (2010). 日本の展望委員会 知の創造分科会提言 21世紀の教養と教養教育

日本経済団体連合会 (2016). 2015年度新卒採用に関するアンケート調査結果

目　次

第Ⅰ部　ヒトを学ぶ

第1章　生物学から
　　　　　アクティブ・ラーニング事始め私論　　　　　　　岡田二郎
1　メッセージ・テキスト　*2*
2　学習の意義　*6*
3　アクティブ・ラーニング事例　*9*
4　授業化のためのヒント　*19*

第2章　心理学から
　　　　　教養としての脳科学リテラシー入門　　　　　　　橋本優花里
1　メッセージ・テキスト　*26*
2　学習の意義　*30*
3　アクティブ・ラーニング事例　*35*
4　授業化のためのヒント　*45*

第3章　人類学から
　　　　　コミュニケーションへの根源的問い　　　　　　　波佐間逸博
1　メッセージ・テキスト　*51*
2　学習の意義　*55*
3　アクティブ・ラーニング事例　*59*
4　授業化のためのヒント　*69*

第Ⅱ部　体験に学ぶ

第4章　身体体験という土壌
　　　　　自身とのかかわりから他者とのかかわりへ　　　　山地弘起
1　メッセージ・テキスト　*78*
2　学習の意義　*82*
3　アクティブ・ラーニング事例　*87*

  4　授業化のためのヒント　*98*

第5章　かかわりとしての音楽行為
    音楽観の再構築にむけて　　　　　　　　　　　　　　西田　治
  1　メッセージ・テキスト　*105*
  2　学習の意義　*108*
  3　アクティブ・ラーニング事例　*114*
  4　授業化のためのヒント　*122*

第6章　パーソナル・ライティング
    考える〈私〉，それを育む「エッセー」という考え方　　　　谷　美奈
  1　メッセージ・テキスト　*127*
  2　学習の意義　*131*
  3　アクティブ・ラーニング事例　*134*
  4　授業化のためのヒント　*146*

第Ⅲ部　メディアを学ぶ

第7章　メディアと文化
    フィールド調査を取り入れた授業づくり　　　　　　　田中東子
  1　メッセージ・テキスト　*156*
  2　学習の意義　*161*
  3　アクティブ・ラーニング事例　*164*
  4　授業化のためのヒント　*173*

第8章　映像表現という活動
    「本物の状況」でのメディア制作　　　　　　　　　　保崎則雄
  1　メッセージ・テキスト　*179*
  2　学習の意義　*184*
  3　アクティブ・ラーニング事例　*188*
  4　授業化のためのヒント　*197*

第Ⅰ部
ヒトを学ぶ

第1章
生物学から
アクティブ・ラーニング事始め私論

岡田二郎

1 メッセージ・テキスト

● 1-1 個人的な背景

　日本では，大学進学率の上昇傾向と1992年以降の18歳人口の減少が重なり，2005年に高校卒業者の高等教育機関進学率が50％を超える「ユニバーサル段階」を迎えました。高等教育機関への進学率の伸びは，ここ数年，鈍化の傾向にあり，また，今後，少子化の影響を受けた18歳人口の劇的な減少傾向が予想されるため，大学は熾烈な定員確保競争のなかで，多様な学生を受け入れつつ，社会からは教育レベル向上と学生の質保証を求められる，というたいへん厳しい状況に突入しています。中央教育審議会答申（2012（平成24）年8月）にもあるように，大学教育の質的転換はまさに「待ったなし」の喫緊の課題といえるでしょう（中央教育審議会，2012）。おそらく今，社会が期待する人材とは，2006年に経済産業省が発表した「社会人基礎力」にあるように「前に踏み出す力」「考え抜く力」「チームで働く力」といったフレーズで表わされる資質を備えた学生ではないでしょうか（経済産業省，2006）。これらを涵養する教育方法とされるのがアクティブ・ラーニングであり，大学のみならず，あらゆる教育現場で今後ますます広く取り入れられていくものと私は思います。

　しかし現実的な問題は，アクティブ・ラーニングを実施すべき大学教員の側にむしろあるのかもしれません。多くの大学教員はふだんから自身の研究に心血を注いでおり，授業の改善に貴重な時間を当てることには，消極的です。また改善の意志があったとしても，日常の多忙さを理由に，つい後回しにしてしまい，結局今年も昨年と同じ講義の繰り返しだった，という経験をおもちの方も多いのではないでしょうか。私事で恐縮ですが，じつは，これは数年前まで

の私自身の姿です。私は大学に勤め始めてから20年近くになりますが，つい最近まで授業について真に向き合ったことがありませんでした。私が育った自然科学の学びの場には，研究は好きな者だけがやればよい，後進は師の背中を見て勝手に育つ，という研究者養成志向が根強くあり，そのような伝統の積み重ねの結果として，戦後日本の科学が世界のトップレベルに這い上がることができたのだ，と信じて疑わないところがありました。また大学院への進学率が高い私の出身学部では，専門教育が本格的に始まる3年次はウォーミングアップ，研究室に配属される4年次からが真のスタートという研究至上主義的な雰囲気さえあって，そこでは1，2年次の教養教育などはかなり軽視されていました。

　そんな環境で育ってきた私が，新たな職を得て，初めて教養教育科目を任されることになりました。学生が食いつきそうな一見おもしろそうな素材を集め，解説があまり専門的にならないように配慮し，視覚に訴えるスライドを準備して教壇に立ちましたが，結果は，惨めなものでした。講義が始まって15分もたたないうちに，教室の後方に座る大半の受講生は私語に興じるか居眠りにふけり，前方に陣取る10名ほどの「常連さん」相手に講義する日々でした。研究と同様に「大学の講義なのだから聞きたい者だけが聞ければよい」という思いで臨んでいた私も，さすがにこのときは困惑しました。

　そんな折，私の所属する大学内のFD（Faculty Development）企画等で出会ったのが「アクティブ・ラーニング」という学生参加型の授業方法でした。そこで最も印象的だった教員たちの言葉は，私がそれまで行ってきた一方向的（受動的な）授業では，学生の記憶として残る情報量は与えたうちの10分の1にも満たない，というものでした。しかし，これには私も自身の経験から思い当たることがありました。理系の場合ですと学生実験が好例です。多くの場合，学生実験では，数名からなるグループを組み，各学生は目標に向かって協働しながら作業を行います。実験結果を持ち帰ってレポートを執筆する間，グループメンバーとは結果の解釈や，参考文献に関する情報などをめぐって，やりとりが行われます。このようなアクティブな学びから得る知識や技能は，確かに長く記憶に残り，同時に，メンバーとのコミュニケーションや協働に関するスキルも付加的に身についたのだと思います。FD企画で出会ったアクティブ・ラーニングの手法は，私自身がすでに体験してきた学生実験と本質的な部分で多

くの類似点がある気がしました。アクティブ・ラーニングの実践は，特殊なテクニックを要するものではなく，おそらく大学教員の誰もがすでに体験したことを，講義用にアレンジして具現化していくことなのだ，と気楽に捉えられるようになりました。

● 1-2　科目のねらい

　私が本章で紹介するのは，現在所属する大学の教養科目「コミュニケーションの生物学」でのアクティブ・ラーニングの取り組みです。この科目は，「コミュニケーション実践学」というテーマの教養科目群（計9科目からなる）の一つで，受講者はほとんどが1年次です。「他者といかにかかわるか」というコミュニケーションに関する能力は，新社会人に強く求められている資質の一つであり，それを受講生同士あるいは教員との実践的な取り組みのなかで獲得するのが，この教養科目群のテーマの重要な目標の一つです。ただし単なる実践的スキルの修得のみならず，コミュニケーションに関する広範な知識を受講生に付与することも講義のねらいの一つです。

　私の担当回では，主にヒトを除く動物のコミュニケーションを対象としています。ほとんどの動物は，何らかの手段を用いて個体同士で情報のやりとりを行っており，そこには必然的に生物学的な意義が存在します。また情報の発信，受容，認知の一連のプロセスには，脳神経系の機能と密接な関わりがあります。動物のコミュニケーションの進化と多様性，および解剖学的・生理学的基盤を学ぶことを通じて，現代の人間社会における複雑なコミュニケーションについて新たな視座を学生に与えたいと考えています。生物のコミュニケーションは基本的に同種個体間における信号のやりとりですが，信号の送り手は受け手からの反応を受けることで何らかの利益を得る（多くの場合，受け手も利益を得る），とされます。また常に淘汰圧にさらされる生物たちは，意味のない信号を発信することは滅多にしませんし，それに反応することもありません。無駄なコミュニケーションは，エネルギー浪費だけではなく，捕食者による発見など生命の危険を伴う行為だからです。つまり裏を返せば，一見無駄にみえるコミュニケーションにも，じつは生物学的意味がある，ということになります。

　私の講義では，このような内容について，具体的事例を紹介しつつ解説して

いきますが，本書の趣旨である21世紀型共生社会における人同士のかかわりあい（コミュニケーション）に対して，私の講義内容（行動生態学，動物生理学）が直接的かつ具体的示唆を与えることは，両者の隔たりを考えると決して簡単ではありません。しかし社会的動物である我々の行動や生態について進化論的な観点から見直していくことは，相応の意義があるといえるでしょう。

　私の講義では，学生を参加させるためのしくみをいくつか用意しますが，その核となるのがグループワークです。グルーピングは学期を通じて固定の場合と，毎回組み直す場合がありますが，本章で紹介する方法は，毎回ランダムに組み直すものです。学生たちは基本的には面識のないメンバーと4，5名からなるグループを組み，唯一の正解がない論述課題に取り組み，意見交換しつつ，時間内にワークシートを書き終えねばなりません。

　ここでは，たとえば企業で新たに結成されたチームに召集されたメンバーの活動をイメージしています。今日社会の現場では，必要とあらばチームが急結成され，ミッションが完了すれば即解散という具合に目まぐるしく人事が回ります。ここでは運命的なきっかけで出会ったメンバーと協働して，限られた時間の中で，最高のパフォーマンスを発揮することを強いられます。グループが上手く機能すると，相乗効果が生まれ，優れたアウトプットが期待できますが，逆に各メンバーの貢献が希薄だとそれなりの成果に留まることになるでしょう。私の講義では，こうしたグループワークの繰り返しを通じて，多くの学生が数年後には飛び込むことになる社会の現場で必要なコミュニケーションとは何かに気づき，そのスキルを学ぶことも目標の一つとしています。

　本書を手に取った方は，ともすると数年前までの私と同様に，多忙さゆえに学士課程教育に対して関心はもちつつも熱心に取り組んだ経験があまりないのかもしれません。そんな大学教員の方にとって本章は，親近感をもって読める内容だと考えています。ちょっとしたアイデアを講義に組み込むことで，学生たちをアクティブにさせ，他者とのかかわり合いを通じて今後彼らが生き抜いていく共生社会におけるコミュニケーション能力をはぐくむことは可能です。ぜひ講義のなかで実践していただきたいと思います。

2 学習の意義

● 2-1 動物コミュニケーションの基礎

1-2でも述べたように,「コミュニケーションの生物学」(前半の筆者担当分)の目的は,動物のコミュニケーションの進化と多様性,および解剖学的・生理学的基盤を学ぶことを通じて,現代の人間社会における複雑なコミュニケーションについて,ヒト以前の「いきもの」のレベルまで立ち戻って再考することにあります。受講生には以下のような能力を身につけて欲しいと期待しています。

> ①コミュニケーションの生物学的意義を理解し,その進化と多様性について説明できる。
> ②動物におけるコミュニケーションの解剖学および生理学側面,すなわち脳神経系の機能局在と動作原理について説明できる。

行動生態学,神経科学などが,これらの基礎となるディシプリンとしてあげられます。

以下に私の講義内容について順を追って解説します。

まず行動生態学の事始めとして,有名な「4つのなぜ」を紹介します。動物行動を真に理解するためには,究極要因(その行動の目的は何か),至近要因(その行動の生理的メカニズムは何か),発達要因(その行動は個体成長においてどのように発達するのか),進化要因(その行動はどのように進化してきたのか)の四つの問題を明らかにしなければならない,と唱えたニコ・ティンバーゲン(1907-1988,動物行動学者,1973年度ノーベル生理医学賞受賞)のフレームワークを説明します。なぜなら本講義も「4つのなぜ」に立脚したアプローチで進めていくためです。

続いて行動生態学の基本的な概念である,進化,適応度,性淘汰,血縁淘汰について,具体事例やエピソードを交えながら概説します。とりわけ講義後半で多くの時間を当てる音声コミュニケーションでは,性淘汰(メスはオスとしての形質が強いものを選り好みするために起こる淘汰)がその根底にあるので,比較的多く時間を割きます。また社会行動における最適化戦略,進化的に安定な戦略,ゲーム理論など,動物行動の理論的側面についてもごく簡単に触れます。

以上を通じて動物のコミュニケーションの多くは，複雑・多様化したヒトのそれとは表面上は大きく異なり，単に個体自身の生き残りと繁殖をかけた，ある意味「ドライな」行為であり，しかし我々ヒトのコミュニケーションの源流がここにあることを理解させることがポイントです。

次に動物コミュニケーションの生理学的基礎について感覚系を中心に学びます。コミュニケーションに信号の発信という出力系がある以上，運動系についても学ぶ必要がありますが，事例によって実に多様なため，運動系については折に触れて個別に説明することとしました。

この導入部分では，動物の五感の中でもコミュニケーションと密接に関わる視覚，聴覚，嗅覚を中心に簡単に説明します。ここで強調したいのは，動物種により受容できる情報が質的・量的に異なること，すなわちかつてユクスキュル（1864-1944，動物生理学者）が説いた「環世界」の多様性に気づくことです。たとえば昆虫では，紫外光，偏光（振動面が偏った光），超音波を感じることができ，ヒトとは異なる感覚世界のなかで生きていることを説明します。動物行動学の初習者は，どうしても自身を動物に置き換え，人間中心的に考えてしまう傾向があります。こうした態度は動物行動学に限らず科学一般では好ましいとはいえませんので，講義の冒頭で客観的視点を養う重要性を強調します。

● 2-2　事例学習

上述の基礎を学んだ後，事例学習へ移行します。まずは昆虫のフェロモンによるコミュニケーションを学びます。フェロモンといえば，俗に「性的魅力」を比喩することばとして，ほぼすべての学生がおおよそのイメージはもっているようです。しかし，一般によく知られている，交尾相手を誘引するフェロモン——正しくは性フェロモン——の他にもさまざまな種類のフェロモンがあることは，多くの学生が知らないようです。昆虫は揮発性化学物質によるコミュニケーションが著しく発達しており，性フェロモン以外にも，同種の仲間を呼び寄せて群れをつくるための集合フェロモン，外敵の襲来などの際に同じ巣仲間の攻撃性を高めるための警戒フェロモン，アリなどで自身が通ったルートを巣仲間に教えるための道しるベフェロモンなどがあります。とりわけカイコガの性フェロモンは，その分子構造がブテナント（1903-1995，生化学者，1939年

ノーベル化学賞受賞）により世界で初めて同定されて以来，フェロモン受容から行動発現までの生理メカニズムがたいへんよく研究されており，これを教材に事例学習を進めます。ただし昆虫だけで講義が終始すると，ヒトとのかかわりが釈然としないので，最後にヒトのフェロモンによるコミュニケーションについて，有名な寄宿舎効果（多数同居する女性の間で月経周期が同調する現象）を取り上げて解説します。

事例学習の後半は音声コミュニケーション，とりわけオスの発声による交尾相手の誘引と縄張りの誇示について学ぶことになります。本講義では比較的単純な動物の例として昆虫，複雑な例として小鳥を取り上げます。いわゆる「鳴く虫」の歌は，基本的には遺伝的に決定された種特有のものです。まず同所的に分布する互いに近縁のコオロギの音声サンプルを受講生に聞かせ，「虫の音」にある旋律や音質の違いを認識させます。また同じ種においても周辺状況によって発する歌が異なることを解説します。

その具体例としては，著者の研究室で飼育しているコオロギの誘引歌（周囲に同種個体が存在しない単独なオスが発する歌），闘争歌（誘引歌により接近してきたオスとの間で交わされる歌），求愛歌（誘引されたメスと出会った後に発する歌）を学生に聞かせ，微妙な歌の違いを体験してもらいます。また昆虫は前翅にあるヤスリとヘラのペアをすり合わせて発音すること，発音を司令する神経細胞が脳で発見されていること，聴覚器は胸部（胴体）や肢にあることについて解説します。以上から昆虫を題材として，原始的な音声コミュニケーションの究極要因，至近要因，進化要因について考えさせます。

事例学習の最後は，小鳥の音声コミュニケーションです。小鳥のオスのさえずりは四つのなぜ（究極要因，至近要因，発達要因，進化要因）を総合的に考えるうえでたいへん有効な事例を与えます。行動心理学者の岡ノ谷（2010）によれば，小鳥のさえずりに関しては，「歌学習の鋳型仮説」が現在のところ最も確からしいとされるフレームワークのようです。これによると，小鳥のさえずりは以下のような発達過程を辿るとされます。もともと小鳥には生得的（遺伝的）に規定される大まかな「鋳型」ともいえる歌があります。この鋳型が，幼鳥の記憶期に周囲のオス成鳥が発する歌の影響を受けて，修正されていきます。成鳥になった個体は，性ホルモンの影響により，さえずりを発するようになりま

す。この中で小鳥は自身の発声を聞き，理想形ともいえる修正版鋳型とのずれを知覚します。このずれをさらに修正することで最終的なさえずりが完成します。小鳥のさえずりには，種によっていくつかの基本的パターンがあって，その配列レパートリの豊富さが性淘汰を有利に生き抜く，とされる証拠が多く出されています。また，さえずりには「方言」ともいえる地域特異性があること，生息地の地理的特性に適応するように発音のキーが変わることなども紹介します。小鳥の歌の生理メカニズムについても，多くの研究事例があり，歌に関わる脳内部位がいくつか同定されています。さらに岡ノ谷の研究事例は動物の音声コミュニケーションについて，コシジロキンパラという野生の小鳥の単純なさえずりと，250年ほど前にコシジロキンパラがペット化されて生まれたジュウシマツの複雑なさえずりを比較することで，たいへん興味深い進化的考察を与えます。ペット化されることで強い淘汰圧から解放されたジュウシマツは，その余力を性淘汰へつぎ込んだため，現在のような複雑な配列レパートリをもつ歌を歌うようになったのではないか，と岡ノ谷は推測しています。以上のように，小鳥のさえずりは，基本的に交尾相手を得るための行動として位置づけられますが，ティンバーゲンの「4つのなぜ」に対応した説明が一通りできるとともに，ヒトの言語との共通点もあることから，動物コミュニケーションとその進化に関してたいへん多くの示唆を与える格好の学習事例といえます。

3 アクティブ・ラーニング事例

● 3-1 講義概要

ここで紹介する事例は，学部混成の1年次を対象とした教養科目「コミュニケーションの生物学」における取り組みです（表1-1）。シラバスにある概要を紐解くと，「動物およびヒトの行動とその解剖学的・生理学的基盤，とくにコミュニケーションに欠かせない認知・情動に関する脳基盤を概説し，また関連したホルモンや遺伝子等についても学習する」とあります。私の担当回（全16回のうち1-8回，表1-2参照）では主にヒトを除く動物を，後半（9-16回）は医学部教員がヒトを対象とした講義を展開します。

表 1-1 「コミュニケーションの生物学」概要

授業科目	コミュニケーションの生物学（前半 8 回）
対象学生	教育学部・経済学部・水産学部・薬学部の 1 年次生約 90 名
到達目標	①コミュニケーションの生物学的意義を理解し，その進化と多様性について説明できる。 ②動物におけるコミュニケーションの解剖学および生理学側面，すなわち脳神経系の機能局在と動作原理について説明できる。
アクティブ・ラーニングの方法	①事前課題のピアチェック ②クリッカーの活用 ③グループワーク
学習評価の方法	①事前課題　　30 点 ②グループワーク（ワークシート）　　15 点 ③MVP 加点　　最大 15 点 ④論述問題テスト　　40 点

表 1-2　全 8 回の講義内容

回数	題 目	内 容
1 回	オリエンテーション	授業のねらい，講義の進め方，グループワーク体験
2 回	動物コミュニケーションの進化 1	事前課題のピアチェック，講義（動物行動学の基礎），グループワーク
3 回	動物コミュニケーションの進化 2	前週グループワークの振り返り，事前課題のピアチェック，講義（動物の社会行動の基礎，動物コミュニケーションとは），グループワーク
4 回	動物コミュニケーションの生理学的基礎	前週グループワークの振り返り，事前課題のピアチェック，講義（感覚・行動・脳神経系），グループワーク
5 回	昆虫の化学コミュニケーション	前週グループワークの振り返り，事前課題のピアチェック，講義（昆虫およびヒトにおけるフェロモンによるコミュニケーション），グループワーク
6 回	コオロギの音声コミュニケーション	前週グループワークの振り返り，事前課題のピアチェック，講義（コオロギの歌の意義・多様性・発生メカニズム，聴覚系），グループワーク
7 回	小鳥の音声コミュニケーション	前週グループワークの振り返り，事前課題のピアチェック，講義（小鳥の歌の学習・進化・生理メカニズム），グループワーク
8 回	総括	前週グループワークの振り返り，第 2～7 回講義の要約，中間評価（論述問題テスト）

● 3-2　講義の進め方

　講義の流れは，初回のオリエンテーションと最後の総括を除き，毎回がルーチンとなっており，学習内容は基本的に一話完結型です。以下では流れにそって概略を述べます（カッコ内はおおよその時間配分）。

> 1) 前回講義の提出物の講評・振り返り（5分）：提出物については後述します。
> 2) 事前課題のチェック（5分）：重要な概念，キーワード等の調べ学習，文献の要約，感想などを講義日までに大学の学習管理システム（Learning Management System：LMS）へアップロードさせます。印刷した成果物を持参させ，隣同士で確認させます。
> 3) 一斉講義（40分）：基本的にスライドによる講義です。適宜質問を投げかけクリッカーで解答させます。
> 4) グループワーク（30分）：講義内容に関連した論述課題を与え，ワークシートを時間内に提出させます。グループの最功労者（MVP）1名をメンバーに選ばせます。
> 5) 講義後：提出されたワークシートにコメントを書き込み，LMS上で全受講者へ公開します。

● 3-3　オリエンテーション：動機づけの工夫

　いうまでもなく動機づけは，授業の成否を左右する重要な手続きです。初回講義のオリエンテーションでは，受講生たちはおそらく期待感と緊張感をもって臨んでいるので，できればこの瞬間に彼らの好奇心をかきたてるメッセージを届けて，モチベーションの高揚を促したいものです。

　私の講義では，いきなり一方的にメッセージを伝えることは避け，毎回の講義で行うグループワークの練習をやってもらいます。前回の例では，日本経済団体連合会（経団連）が毎年実施する「新卒採用に関するアンケート調査結果」のデータを提示し，そこから何が読み取れるか，ということをグループメンバーで議論してもらい，その結果を適当に指名する受講生に述べてもらいます。このアンケート調査結果によると，企業が新卒採用者に求める資質として「コミュニケーション能力」は例年上位に挙げられます。これは本科目の主題

とも合致するものです。受講者はまずここで社会が求めるコミュニケーション能力とは何かを仲間と共に考えることになります。初回オリエンテーションにおいて，一連の科目群（コミュニケーション実践学）を通じて何を期待しているか，という質問をしたところ，「友人を作る力」「仲間と上手くつきあえる技」などいわゆるパーソナルな交友に関するものが多く選ばれていました。入学したばかりの1年次生にとって，社会人の資質など遠い未来の話，ということなのでしょう。これに対して「確かに友だちづくりにもコミュニケーション能力は必要だけど，社会が求めるものは少し違うかもしれないね」などとコメントします。こうした作業や問いかけの機会を頻繁に作り，それを糸口に，コミュニケーションを生物学のレベルまで掘り下げていき，動機づけをするように心がけます。

　大学生にとって自身が専門とする分野の知識と技能を身につけることが，将来像に近づくための目的であることはいうまでもありません。しかし「教養科目は？」と彼らに問えば，ともするとそれを学ぶことの意義を見失いがちです。私の大学の例をあげれば，専門性が特に高く，職種が限定されている医歯薬系学部の学生は，総じて教養教育へのモチベーションが低い傾向がアンケート調査から明らかになっています。察するに，彼らには国家資格試験という試練が身近にあるために，それと関わりそうにないものに貴重な時間を割きたくないようです。したがって，なぜ教養教育などというプログラムがあって，それを修める必要があるのか，というメッセージをオリエンテーション時も含めて頻繁に発信するようにします。もちろん教養教育の意義を真に理解させることは，簡単ではありませんが，著名人のエピソード，新入生研修会での実務家の言葉など卑近な例を引き合いにして，その重要性を伝えるように努めます。また講義における作業（グループワークや文書作成）も，社会人として備えるべき汎用的能力の獲得に役立つことを伝えます。

● 3-4　事前課題について：ピア評価の導入

　事前課題には，講義で扱う要点の下調べから，最近話題となっている「反転授業」のように関連知識の大部分を事前に付与しておくものまでさまざまな展開のしかたがあります。どのような形式にせよ，事前課題が講義内容の理解に

役立つことは大いに期待できます。

　私の場合，次回の講義で扱うキーワードの下調べ，講義内容に関連した読み物の要旨・感想などを全受講者に課します。分量としてはおおよそ1時間以内で完了できるものとし，受講生にとって決して大きな負担になるものではありません。具体的には，講義日の一週間前にLMSに課題を掲載します。提出締切は講義当日の朝までとし，同システム上に提出させます。事前課題が評価全体に占める割合は30%としました。昨年の例では，平均提出率は93%でした。

　提出された事前課題は，本来であれば担当教員が採点し受講者へフィードバックすべきものですが，評価は全回を通じた提出率のみをもって行います。その代わりとして，学生同士による簡単なピア評価を講義冒頭で行います。ここではLMSに提出された課題を印刷物として持参させ，隣り合う学生同士で，互いの成果物をチェックし合います。

　この時，私とTA（Teaching Assistant）は，見回って暇そうな者に声をかけます。彼らはたいていの場合，相手が（あるいはまれに両方とも）課題を忘れた，という状況になっています。もし課題を忘れると（後述のように座席は毎回指定制なので見知らぬ相手に対して）バツの悪い思いをすることになります。この相互チェックは宿題忘れの抑止効果があるようです。

　ピア評価は，クリッカーを用いて相手の成果物について5段階のいずれかに投票してもらいますが，それが成績に反映されることはありません。ただし真剣に評価をしてもらうため，ピア評価が成績に反映されないことは受講生に伝えません。投票前には私から「秘匿が保証されているので，ぜひ厳正な評価をしましょう」といいますが，目前の相手に悪い評価を下すことには気が引けるのか，常時半数以上が5点満点を与えていました。また相手の成果物を見て気づいた点をインタビューすると，「自分のものとそっくりだった」という答えがよく返ってきます。インターネットからの安易な「コピペ」の現状が浮かび上がってきます。これを機会に「情報を咀嚼し自分の言葉で文を綴ることが論理的思考力を鍛えるよ」と述べたり，「場合によってはコピペは犯罪になりうるよ」などと解説します。

　このような事前課題について，受講生にアンケート調査を行ったところ，「役立った」あるいは「少し役立った」という肯定的意見は95%にのぼりました。

自由記述欄には，肯定的な意見の他に，「負担が大きい」「家にプリンタがないので印刷物持参はやめて欲しい」という意見が複数寄せられました。ただし事前課題に要した時間については，79％が1時間以内と回答したこと，学生が自由に利用できるプリンタは学内に設置されていることから，あまり大きな問題とは考えていません。後者の問題については，当大学でも進めているノートパソコンやタブレットの必携化により，やがてペーパーレスで実施できるでしょう。

● 3-5　一斉講義について
[1] 講義の工夫

　受講生が通常の一方向的な講義から，どの程度の分量の情報を長期的記憶として残せるかは，彼らのモチベーションの程度に大きく依存すると思われます。モチベーションのレベルがきわめて高ければ，講義中に質問の手がひっきりなしにあがり，教員側がそれに応える形で双方向性のアクティブ・ラーニングが自然に成立するでしょう。このような自然発生的なアクティブ・ラーニングは，まさに理想ではありますが，実際の一斉講義では学生がパッシブな状態に陥りやすく，ともすると居眠りや私語の連鎖などが始まります。私の教養科目での経験では，もし学生をアクティブにさせる努力をしなければ，講義開始10分後には半数以上の学生が脱落しています。そのような現実を目の当たりにすると，学生には一瞬たりとも暇を与えない，という態度で臨むしか手立てがないように思われます。

[2] 座席指定

　私の講義では，座席は指定制とし，毎回シャッフルします（方法は後述します）。これにより仲良し同士の私語は完全に排除できます。また講義時間は40分間ほどに留めます。大学講義は通常90分間ですから，付与できる情報量は以前と比べて大幅に減少しました。当初私も「大学講義がこんなことで本当によいのか？」と複雑な思いでしたが，とにかく現実を受け止め，彼らをアクティブにさせるのみです。よく使う手は，教室の中を巡回しながら，無作為に突然インタビューします。マイクを向けられたたいていの学生は，戸惑いながら

も真摯な態度で回答してくれます。できればここでごく短い会話を交わし，教室の雰囲気をほぐすようにします。他の学生は仲間の生の声にはたいへん敏感に反応しているようです。インタビューの最後は，拍手でしめくくります。こうしたやり方は，受講生に適度な緊張感をもたせると同時に，教室全体の雰囲気も高揚するので効果的です。ついでに居眠りしている学生がいれば，声をかけて起こしてあげます。

[3] クリッカー

　クリッカーは，受講生をゲーム感覚で講義に参加させるたいへん有用なツールです。私が使用しているクリッカーシステムは，名刺サイズほどのリモコン端末（数字ないしアルファベットの選択ボタンがある）を学生に配布し，無線受信機を教員のプレゼン用パソコンに接続する形式のものです。教員はプレゼンソフトのアドインとして機能するソフト上で質問と選択肢を作成し，これを学生に提示します。教員の操作で回答受付が開始され，学生は端末ボタンを押し，頃合いを見計らって回答を打ち切ります。集計結果は，ユーザーが希望するスタイルのグラフとして表示されます。

　学生にとっては，自分の回答の正否が即座にわかり，教員によるフィードバックも直後に行われるので，集中力は持続し，講義の雰囲気も自然と高揚します。講義前と講義後に同じ問いかけ（たとえば講義内容の理解に関するもの）を組み込み，両者を比較することで，教員，学生ともに内容の理解度の変化を明示的に把握することもできます。クリッカー端末の個体番号と受講者氏名をあらかじめ関連づけておけば，回答データを個人評価に使用することも可能です。しかしその際は，たとえば使用者の誤操作等で回答が受信できない場合もありえるので，事前に全員分の機器動作の確認が必要です。一斉講義に関するアンケートでは，クリッカーに対する自由記述が特に多く，そのほとんどが「楽しい，よかった」などの肯定的意見でした。また「クリッカーでの問いかけに毎回反応した」と回答した学生は実に100％でした。

[4] スライドの工夫

　一斉講義で使用するスライドは，LMSにアップロードしますが，私の怠惰も

あり，どんなに急いでも掲載は講義前日となってしまいました。つまり実質的には事後学習で利用する資料ということになります。ただし毎回の講義開始時に，全スライドは印刷資料（モノクロ版）として全員に配布しました。アンケート結果によると，72%が「LMSに掲載したスライドを利用した」と回答し，93%が「印刷資料を配布して欲しい」と回答しました。大学生の携帯端末の必携化が進めば，この点についてはペーパーレスで対応できるものと考えています。

● 3-6　グループワークについて

　グループワークはおそらく最も頻繁に用いられるアクティブ・ラーニングの手法でしょう。仲間との協働は，必然的にコミュニケーションを伴うものです。こうしたワークの経験を重ねていくうちに，自身がグループに対してどのようにかかわるべきか，ひいては近い将来羽ばたいていく社会でいかにふるまうべきかを習得していくと期待されます。

[1]　グルーピング

　グルーピングは，机の並びが前後左右の4名で1組とします。大まかな流れとしては，進行役とタイムキーパーの指名，自己紹介，課題について個別で検討，メンバー間で意見交換，グループの方針決定，提出用ワークシート作成となります。これらの各作業は，分単位で教員がコントロールし，すべてを30分程度で終えます。カウントダウンタイマー（フリーソフト）をスクリーンに提示して残り時間を常に意識させるようにします。以下に順を追って解説します。

[2]　役割分担

　進行役とタイムキーパーは座席位置で決めます。席は毎週ランダムに変わるので，7回の講義の中でどちらかの役割を少なくとも一度は経験することになるでしょう。進行役は自身で課題に取り組みつつも，全体の作業を取りまとめるので，忙しくかつ重要な役目です。タイムキーパーは作業の進捗状況と残り時間からペース配分を全体に伝える役目で，自身も課題に取り組みます。残る2名に役割はありませんが，基本的に面識がない少人数グループのなかで，あからさまに非協力にふるまう訳にはいきません。このように4名というメンバ

一数は，各人が相応の熱意をもって課題に関わることが期待でき，かつフリーライダーの発生が抑えられる絶妙な頃合いです。ただし進行役がしっかりしていないと，議論が単なるおしゃべりになってしまう，あるいは沈黙が続いてしまう，などの状況が発生します。このようなことがないように，進行役の説明は，事前にしっかり行い，ワーク中において進行に問題があると判断すれば，私とTAは積極的に介入，アドバイスします。

[3] 自己紹介

　自己紹介は，グループが上手く機能するための重要な手続きです。特に1年次の学部混成型講義では，互いにほとんど面識がないメンバー同士が組むので，数分程度の時間を割いて自己紹介をさせます。まず互いの氏名を印象づけるように，配布した付箋紙に氏名と所属を書かせ，メンバーに提示させます。それに加えて誰もが共感できるようなテーマ，たとえば「最近ハマっている食べ物」などと題して，一言述べてもらうようにします。このような自己開示は，面識のないメンバー間の緊張感をほぐし，率直な態度で議論に臨む雰囲気を作り出します。ただし講義回数を重ねていくと，指示する以前にすでに打ち解けていて，もはや面倒な手続きは不要のようです。こうなれば「いつも通り自己紹介をお願いします」と一言述べるだけでよいでしょう。

[4] ワーク

　課題は，講義内容と関連した，唯一の正解がないものとします。一例として，音声コミュニケーションの典型例である小鳥の歌について学んだ回では，以下の課題を出しました。

> ジュウシマツの歌はなぜコシジロキンパラの歌より複雑なのか，考えてみよう。ジュウシマツは，江戸時代（250年前）に中国から持ち込まれた野鳥・コシジロキンパラが家禽化（ペット化）されたものである。ペット化された結果，どのような環境の変化がジュウシマツの歌を複雑にさせたのだろうか。これまで学んだ「性淘汰」，事前課題で学んだ「ハンディキャップの原理」と「ランナウェイ淘汰」などの概念を引用しながら仮説を立ててみよう。

この問題には，もちろん正解など存在しません。ただし関連する知識を事前課題や一斉講義で付与しているので，それらを参考に説得力のある仮説を組み立てることは可能です。

　各グループには，上記のような課題が書かれたワークシート（個人解答用4枚，提出用1枚）を配布します。まずは各自で考え，個人解答用紙にメモ程度のアイデアを記入します（8分間）。次に全員が順番で個人解答用紙を披露し，各自の考えを説明します（8分間）。続いてグループの解答として提出するものを協議し，提出用ワークシートに結論を記します（10分間）。上記の時間配分はおおよその目安です。付箋紙に書いた個人意見を披露し，出されたアイデアを分類・整理する方法（KJ法）を用いることもあります。グループワークの間，教員とTAは教室を巡回し，質問を受けたり，積極的にアドバイス（直接的ヒントではなく）をします。これらのやりとりはマイクを使って全員に聞こえるようにします。

　提出されたワークシートは，講義終了後に評価・採点します。ワークシートに赤字でコメントを書き込み，コピーをとって，LMSにアップロードします。すべての評価済ワークシートは受講者全員が閲覧できます。シートには全メンバーの氏名が明記されているので，受講者は自分たちだけではなく，他グループの解答とそのコメントを閲覧できるわけです。自分たちの評価を知るついでに，他グループの視点を知ることがねらいです。ただし評点は公開しません。フィードバックは事後できるだけ迅速に行うことが効果的なので，遅くても講義翌日にはアップロードするように心がけました。ワークの振り返りは，次週の講義の冒頭5分間で行いました。よい解答例をいくつか提示し，私が加えたコメントについて解説しました。

[5] 評　　価

　グループワークの評価は全体の30%を占め，毎回提出するワークシートのみを対象として行います。個人ごとの評価は困難なので，同じグループに属する4名の評点は，基本的には同じです。ただし最も貢献した1名をMVPとしてメンバー間の協議により選出させ，評点に加算しました。選出の基準は特に教員側からは示しません。学生が厳正にMVP選出を行っているかどうかは不明

ですが，個人別にMVP獲得回数と最終成績（事前課題，グループワーク課題，考査の合算）の関連性について調べた結果，統計的に有意な正の相関が存在していました。学生によるMVP選出は，相応の信ぴょう性があると判断してもよさそうです。また受講者の73%が少なくとも1度はMVPを獲得しており，多くがワークに積極的に関わっている様子がうかがえました。しかしその一方で，アンケートの自由記述欄には「ジャンケンによるMVP選出には意味がない」「強引にMVPを決める人がいて不愉快」「MVPの基準を決めて欲しい」などの批判的意見もありました。

アンケートの結果，「グループワークは意義があったか」という質問に対し，48%が「とても意義あった」，50%が「やや意義があった」と回答しました。「受講後，グループワークの意識がどう変わったか」という質問に対して，62%が「以前より得意になった」，37%が「変わらない」と回答しました。LMSで公開したコメント入りワークシートについて，22%が「毎回確認した」，45%が「時々確認した」と回答しました。「コメントについて意義があったか」という質問に対して，21%が「大いに意義があった」，66%が「やや意義があった」と回答しました。以上から，未だ改善の余地はあるものの，受講生の多くがグループワークを肯定的に捉えていると判断できそうです。またグループワークに関する自由記述欄では，「他者の考えを聞けてよかった」「コミュニケーション力がついたと思う」「毎回メンバーが変わるのが刺激的だった」という肯定的意見の一方で，「正解例を掲載して欲しい」という意見が多く見られました。唯一の正解がない論述課題といえども「教員自身も考えを表明すべき」と思う学生は多いようです。

4 授業化のためのヒント

● 学習効果を高めるためのポイント提言

[1] モチベーションを高める

すでに述べたように受講生の動機づけは，学習効果を高めるための最前提で，重要なポイントとなるでしょう。受講生は，めざす社会人となるための専門的な知識と技術を身につけたい，と熱望しています。私自身，本章で紹介したよ

うな教養科目の講義がこのような受講生の要望を必ずや満足させる，と豪語する訳にもいかず，彼らのモチベーションを維持させることは容易ではありません。経済危機という時代背景のなかで育った最近の大学生世代は，私からみるときわめて功利的に行動するようにみえます。批判的な言い方をすれば，役に立つともしれない講義に没頭するような心の余裕がありません。そのようなときは，あえて講義の本題から脱線してみるのもよいかもしれません。私がよく用いる脱線話は，受講生にとって関わりのある，あるいは近い将来関わるであろうトピックです。たとえば，前述の「企業が新社会人に求める資質」「グローバル化に対する企業の取り組み」「グローバル化と英語能力」などいわばホットでトレンディな「お役立ち情報」を，自身の講義内容と関連づけて紹介しています。教養教育の意義に関しては，私自身の持論も多少は述べますが，ともすると学生にとっては唯我独尊的にも聞こえるので，メディア等でなじみのある著名人の著書（池上, 2013など）を引用するようにしています。こうした脱線話の際には，学生にマイクを向け，彼らの生の声を聞いてみるのもよいでしょう。

　また私が心がけているのは，毎回の講義が一話完結型であることです。前回講義で付与した知識を土台として次の知識を積み重ねていく形式では，一度脱落してしまうと復帰困難となりモチベーションも低下しがちですが，一話完結型であれば，途中からでも再起が可能です。しかし，これは教養系の講義ならではの側面もあり，語学や専門教育では合致しにくい部分があるかもしれません。

［2］**協働する**

1）**グループワークの意義と心がけ**　現代そして近未来の社会のイメージはよく，経済成長重視型，情報基盤型，グローバル化などの言葉で象徴されます。今日の社会人が携わる業務を見た場合，単純型肉体労働はもとより，シナリオ通りの処理で済むルーチン型事務作業もその多くがすでに自動化・システム化され，エビデンスをもとに組織メンバーとの協議のなかで意志決定を行う非ルーチン型タスクへと変遷しつつあります。また今日の職場では，部署の構成メンバーは上部の意向で目まぐるしく入れ替わります。新任者もそれを迎える側も，互いに打ち解ける間もなく，チームは最高のパフォーマンスを発揮す

るよう求められます。学生たちを待つ社会では，所属組織メンバーとのコミュニケーション・コラボレーションを通じて，批判的思考，問題解決，意思決定等を効率的に進めていく（21世紀型スキルとも呼ばれる）能力が求められているのでしょう。大学講義は，必ずしも現代を生き抜く社会人としてのスキルの涵養を主目的としたものではないと思いますが，学生仲間との協働を少しでも多く取り入れることは，学生の将来にポジティブにはたらくものと私は考えています。

グループワークの意義と心がけについては，早い回で説明した方がよいでしょう。私は以下のポイントを伝えます。

> ①協働してことに当たれば，一人では解決できない問題に立ち向かえる。
> ②運命的に一緒になった仲間と，良い協働を達成するためには，多様な相手をお互いに認め合い，理解することが前提条件。
> ③自分の学びを仲間の学びに生かし，仲間の学びを自分に生かす互恵的精神が大事。

2）教員のグループワークでの役割　教員は積極的にグループワークへ介入し，決して放置すべきではありません。ワーク中は巡回を続け，時々立ち止まって議論に耳を傾ける，議論が活発でない場合は声をかけるなどするとよいでしょう。居眠り，内職，携帯電話の操作などを発見した際は，見逃さずたしなめます。このように教員はワークの間，決して学生たちを放置しているのではなく，見守っている（監視している）という態度をアピールすることで，教室内の緊張感を維持するよう努めます。熱心な議論が始まると，教室全体が騒然としますが，それは決して無駄話ではありません。学生たちは周囲に合わせて行動しがちなので，周囲が頑張っていれば自分たちも，という正の連鎖が起こるようです。

細かな点ですが，グループワーク中に学生から質問等があった際には，その都度クラス全員で共有するとよいでしょう。教員が巡回中に学生から質問や相談を受けることはよくありますが，教員が特定の学生と交わしている会話は，他の受講生から見れば思いのほか気になるようです。そこで私は，質問が出た

際，マイクでその内容を繰り返し周知するようにします。このように，学生側から出た些細な意見でもそれを共有することは，教員と学生の間の良い関係を維持するうえでも重要だと考えています。

[3] ティーチングアシスタント（TA）を活用する

　本章で紹介した講義では，90名の受講者に対して1名のTA（大学院生）を採用しています。一般にTAは，出欠調査，資料配布，提出物回収など低次な事務的用務に携わることが多いようですが，私の講義ではこれらの用務に加えて，上述のように受講生に対して積極的にTAを介入させるようにしています。おそらく学生をアクティブにさせるしくみや，学生同士のコミュニケーションを伴うしくみを多用するほど，TAが活躍するシーンは増えると思われます。学生側からしてみれば，TAは年代も近く親近感をもてるのか，助言や注意に対しても素直に受け止めてくれるようです。学生の中にうまく入り込めるタイプのTAであれば，頻繁にやりとりしているシーンも見られ，単なる事務要員ではなく，モデレータとして大きな役割をもつようになるでしょう。ただしTAに対しては事前打ち合わせを入念に行い，教員側の要望や講義の理想形をしっかり伝えておくことが重要です。また受講生と良い関係を築けるかどうかは，TA自身の性格に依存するところもあります。したがって実際の講義では，TAのパフォーマンスにも目を配り，状況に応じた対応を講じる必要があるでしょう。TAは一般に大学院生が採用されますが，スチューデントアシスタント（Student Assistant：SA）という，先輩の学部生を採用する方法もあります。SAはTAよりもさらに年齢が近く，受講生が気軽に相談しやすい，というメリットがあるようです。

　米国大学においてTA業務は，将来の大学教員養成としての意味合いがあり，講義の一部を担当させる，成果物の評価を分担させるなど，教員とほぼ同等の権限を与えているそうです（苅谷, 2012）。米国のTA制は，日本の現状と比較すると，かけ離れている感がありますが，日本の大学でもアクティブな授業形態が今後増えることになれば，TAのあり方もまた見直されていくものと思われます。

□ キーワード解説 □

①社会人基礎力

経済産業省が 2006 年より提唱している概念で,「職場や地域社会で多様な人々と仕事をしていくために必要な基礎的な力」とされ,「前に踏み出す力」,「考え抜く力」,「チームで働く力」の三つの能力からなります。これまで,社会人基礎力の育成に関わるさまざまなイベントや支援事業が行われています。

②クリッカー

質問に対する聴衆の回答を迅速に集計し,表示するシステムを指します。受講生が気軽に授業に参加できるため,双方向性授業が容易に実現できます。教員側から見れば,受講生の理解度や意識等の全体傾向を瞬時に把握できるなどの利点があります。大学講義等で最近よく用いられるのは,学生に配布したレスポンス・デバイス(カード型リモコン)からの信号をパソコンに接続したレシーバーで受信し,専用ソフトウェアで集計・表示するタイプです。プレゼンソフトのアドインとして機能するので,質問の作成から集計・表示までを既存のプレゼンソフトで容易に行えます。

③グループワーク

与えられた目標に向かって,グループメンバーと協働(コラボレーション)しつつ取り組むタイプの学習方式です。アクティブ・ラーニングにおいて頻繁に用いられる授業方法の一つで,問題解決に向けて積極的にかかわる力,多様な仲間の意見を理解する力,仲間の意見を集約し意思決定へ導く力の獲得などが期待できます。企業から最も求められているコミュニケーション能力の涵養に資する学習形態としても期待されます。

④事前学習

次回講義の準備学習です。一般には要点やキーワードの下調べ,関連資料の概要や感想などを課すことが多いです。入念にデザインされた事前学習は,講義内容のスムーズな理解を助けるとともに,受講生の期待感やモチベーションの高揚も期待できます。事前学習の先端的取り組みとしては「反転授業」と呼ばれる手法があり,ここでは,付与すべき知識の大部分を予め用意した講義ビデオ等により講義前に学習させ,実際の講義は,講義ビデオの復習,不明部分の確認と理解,発展学習課題,実験などにあてます。

■ リソース紹介 ■

①中央教育審議会答申（2012）．新たな未来を築くための大学教育の質的転換に向けて～生涯学び続け，主体的に考える力を育成する大学へ～〈http://www.mext.go.jp/b_menu/shingi/chukyo/chukyo0/toushin/1325047.htm（2016年6月23日確認）〉
- 客観的データに基づいた，大学教育における最近の現状，問題点，解決に向けた方策の提言を行っています。

②経済産業省（2006）．社会人基礎力〈http://www.meti.go.jp/policy/kisoryoku/（2016年6月23日確認）〉
- 社会人として働くために必要とされる基礎的な力に関する解説です。

③日本経済団体連合会（経団連）新卒採用に関するアンケート調査結果〈https://www.keidanren.or.jp/policy/index09.html（2016年6月23日確認）〉
- 企業の大学等新卒者の採用選考活動を総括する目的で，1997年より毎年実施されており，2015年度は1331社が対象となっています。

④長谷川眞理子（2002）．生き物をめぐる4つの「なぜ」 集英社新書
- ニコ・ティンバーゲンの提唱した「4つのなぜ」を平易に解説しています。

⑤岡ノ谷一夫（2010）．さえずり言語起源論 岩波科学ライブラリー
- 小鳥の歌の進化について多様な視点から解説するとともに，ヒトの言語の起源についても言及しています。

⑥池上彰（2013）．学び続ける力 講談社現代新書
- メディア等で活躍する著者による，学びの意義，教養とは何か，に関する持論の紹介です。

⑦グリフィン，P. 他編（2014）．21世紀型スキル―学びと評価の新たなかたち 北大路書房
- IT企業と大学等研究者からなる国際組織が提案する新たな教育と評価の枠組みについて解説しています。

⑧苅谷剛彦（2012）．アメリカの大学・ニッポンの大学 中公新書ラクレ
- 米国大学におけるティーチングアシスタント（TA）についての詳細な解説があります。

⑨バーグマン，J.・サムズ，A.（2014）．反転授業 オデッセイコミュニケーションズ
- 反転授業の開発の先駆者による米国中等学校における取り組みについて紹介しています。

【引用・参考文献】

池上　彰（2013）．学び続ける力　講談社
岡ノ谷一夫（2010）．さえずり言語起源論―新版小鳥の歌からヒトの言葉へ　岩波書店
柏柳　誠（2011）．人にフェロモンはあるのだろうか？―ヒトケミカルコミュニケーションの生理学　フレグランスジャーナル社
苅谷剛彦（2012）．アメリカの大学・ニッポンの大学―TA・シラバス・授業評価　中央公論新社
グリフィン, P.・マクゴー, B.・ケア, E.［編］／三宅なほみ［監訳］／益川弘如・望月俊男［編訳］（2014）．21世紀型スキル―学びと評価の新たなかたち　北大路書房（Griffin, P., McGaw, B., & Care, E. (2012). *Assessment and teaching of 21st century skills*. Dordrecht, NE: Springer.）
経済産業省（2006）．社会人基礎力に関する研究会「中間取りまとめ」（平成18年1月20日）
中央教育審議会（2012）．新たな未来を築くための大学教育の質的転換に向けて―生涯学び続け，主体的に考える力を育成する大学へ（答申）平成24年8月28日　文部科学省
バーグマン, J.・サムズ, A.／上原裕美子［訳］（2014）．反転授業―基本を宿題で学んでから，授業で応用力を身につける　オデッセイコミュニケーションズ（Bergmann, J., & Sams, A. (2012). *Flip your classroom : Reach every student in every class every day*. Eugene, OR: International Society for Technology in Education.）
長谷川眞理子（2002）．生き物をめぐる4つの「なぜ」　集英社
望月文昭・澁谷達明（2012）．匂いで害虫をコントロールする―性フェロモンかく乱剤による防除　フレグランスジャーナル社
ユクスキュル, J.・クリサート, G.／日高敏隆・羽田節子［訳］（2005）．生物から見た世界　岩波書店（Uexküll, J. B., & Kriszat, G. (1934). *Streifzüge durch die Umwelten von Tieren und Menschen : Ein Bilderbuch unsichtbarer Welten*. Berlin: J. Springer.）

第2章
心理学から
教養としての脳科学リテラシー入門

橋本優花里

1 メッセージ・テキスト

● 1-1 共生社会の実現に必要な力を考える

　内閣府では，この10年の間，急速に進む少子高齢化という社会問題の解決に向けて，共生社会の形成という視点からさまざまな施策を提案しています。共生社会とは，多様な個人が能力を発揮しつつ，自立して共に社会に参加し，支えあうことのできる社会であり，障害なども含め人々の多様な在り方を相互に認め合える全員参加型の社会です（内閣府，2005；文部科学省，2012）。つまり，共生社会では，年齢や障害の有無，そして国籍などに拘らず，お互いの人格や個性を尊重し合うとともに支え合える社会の実現を目指します。たとえば，共生社会の形成を目指した取り組みの一つとして，特別支援教育の現場においては，インクルーシブ教育が進みつつあります（文部科学省，2012）。支援を必要とする子どもが地域の学校の通常学級に通うことを目指す教育にインテグレーション（統合教育）がありますが，これは，障害をもった子どもたちをある意味特別に迎え入れ，特別な教育を行うという形態です。その一方，インクルーシブ教育は，障害児と健常児の間には明確な境界線はなく，個々のそれぞれ違ったニーズの連続であるという前提の下，両方のニーズを兼ね備えた多種多様な支援を目指すものであり，共生社会の理念に基づいた教育の在り方といえるでしょう。我々の社会では，まさに今，互いにさまざまな人を包み込み，分け隔てなくかかわっていくことが求められているのです。

　では，このような共生社会を実現するために必要なことは何でしょうか。白波瀬（2010）は，当事者の声に耳を傾けること，そして当事者が行動の主体となる重要性は指摘しつつも，すべての人が当事者になり得ないことを踏まえたうえで，他者をおもんぱかる社会的想像力を培うことこそが共生社会実現のカギになると

説いています。白波瀬（2010）の社会的想像力は，ミルズ（1965）の社会学的想像力の概念にヒントを得たものです。ミルズの社会学的想像力とは，個人が個人の経験に基づいた想像力から社会をみる力を指しますが，白波瀬（2010）は，その想像力には他者感覚が必要であるとしています。他者感覚といえば，他者の気持ちを理解すると考えがちですが，白波瀬（2010）は，我々が社会の中で共に支え合うためには，単に他者の気持ちを理解するだけでは十分ではないと主張しています。他者感覚をもつうえで最も重要なことは，自らが他者にはなり得ないことを自覚しつつ，他者の気持ちを理解することの限界を認識したうえで，他人事としてではなく，社会の構成員の一人として問題に向き合うことなのです。

● 1-2　共生社会と私

　私は，障害をもつ子どもたちの支援に携わりたいという夢をもち，大学教員の道を選びました。その背景には，私がとても仲が良かったダウン症の友人の存在と大学での病院実習の経験があります。私はその友人とよく出かけており，ある日には一緒に街まで買い物に出かけました。楽しく会話をしながら百貨店の化粧品売り場を歩いていると，ある店員さん数名が「あの子，ダウンよね」とこちらを見ながらひそひそ話をしているのが目に入りました。障害をもつ人々が社会においてそれほど認知されていなかった時代のせいかもしれません。しかし，若い私の眼には，それが悪意をもった行為にしか映らず，ダウン症だからといってなぜ眉をひそめられなければならないのかと，帰宅後，泣きながら電話で抗議をしたのを覚えています。今でもその時のことを思えば悲しくなるのですが，その件をきっかけに私は障害と健常の違いやその境界線について考えるようになりました。

　その後，私は大学に進学し，心理学の立場から障害者の支援に携わることを目指しました。大学の実習では，ある病院の精神科へ行き，そこで精神疾患は誰もが罹患しうる疾病であることを学びました。私や家族，あるいは友人といった身近な人がある日突然精神を病むことがあるのを知り，決して他人ごとではないと感じただけでなく，疾病に対しての知識の無さによりいかに自分が偏った意識をもっていたかに衝撃を受けました。そして専門として今日まで，高次脳機能障害や認知症の支援に携わるようになると，周囲の人が「知らない」

ということがそれらの障害の支援を大きく妨げていると実感するようになりました。また，高次脳機能障害も認知症も，誰にでも起こり得る困難であるということを強く感じる傍らで，当事者ではないがゆえにその実感がもてないことに自身の支援の限界も痛感してきました。しかしながら，このように，私がダウン症や高次脳機能障害，そして認知症に対して種々の感覚をもてたのは，身近に障害をもつ友だちがおり，それをきっかけとしてそれらの障害について学んだからであり，もしそうした人が身近におらず，学ぶ機会がなかったとしたら，それらの障害について知ることはなかったのではないかと思います。

● 1-3　共生社会を意識した授業をつくる

　共生社会を意識し，そこに向かって前進するためには，白波瀬（2010）が指摘するように，他者感覚を含めた社会的想像力が重要であると考えられます。では，社会的想像力を磨くためにはどうしたらよいのでしょうか。白波瀬（2010）は，教育を受ける最終目標が，この社会的想像力を研ぎ澄ますことだとしていますが，社会的想像力を向上させるための具体的な教育の在り方については言及していません。しかし，自分の限界を知りつつ，他者を思いやる気持ちを抱き，他者の立場を想像しながらかかわるためには，まず，他者がどのような困難を抱えているのかを知ることが大切なのではないでしょうか。また，知るということは，偏った情報のみを入手することではなく，多角的な見方をしながら広く情報を取り入れ，それらを取捨選択していくことにほかなりません。そこで，共生社会を実現するための一助となるような授業を考えたとき，コミュニケーションという大きなテーマの下で，私の専門分野である神経心理学を中心に据えた内容を展開することにしました。神経心理学は，主に，傷ついた脳とそれによって生じるさまざまな高次認知機能の低下から，人の行動と脳の関係を研究する学問です。神経心理学において扱われる種々の障害を知ることで，学生の身近にはほぼいないと考えられる人々について知るきっかけを提供できるのではないかと考え，脳が傷つくことによってもたらされるコミュニケーションの障害を扱うことにしました。

　実際の授業では，まず，我々が普段何気なく行っているコミュニケーションがどのような複雑な過程に基づいて成り立っているのかという点について意識

してもらうため，健常なコミュニケーションの過程に触れました。成長し，ことばを巧みに扱えるようになった今，ことばを産出することにはさほどの困難はありませんし，意識してことばを紡ぐこともあまりありません。ましてや，ことばを話せなかったときのことなどは，全く思い出すことができないわけです。私のかつての恩師は，認知機能の障害は逆Ｕ字を描いていると言いました。つまり，認知機能の低下は，認知機能の発達の逆の過程を辿るということであり，一度獲得された機能の障害を知るためには，その機能が発達してきた様相を知ることが大切になります。そのため，授業の最初の段階では，健常なコミュニケーションの過程に加えて，ことばの発達を取り扱うことで，ことばの過程の複雑さやことば獲得の道のりの長さを感じてもらいたいと考えました。

そして，ことばをはじめとするさまざまな我々の高次認知機能は，脳によってコントロールされていますから，脳の機能不全によることばの問題を考えるためには，ある程度の脳の構造とことばと脳部位の対応関係の知識が必要になります。そこで，次の授業段階では，脳とことばの関係を知るための内容を取り上げました。ここでは，脳の全体的な構造と，脳の左右機能差，そして脳の各部分とことばの関係を取り扱いました。続く段階では，脳が機能不全に陥った際のことばの問題を扱いました。高次脳機能障害や認知症など，後天的な障害に限らず，発達障害や脳性マヒなどの先天的な障害も含め，それらの障害の特性についてことばの問題を中心に調べるとともに，そのような障害をもつ人々とコミュニケーションを取る際に配慮するべき点についてまとめていきました。特にこの段階では，さまざまな障害が意外と身近なものであることに気づき，自分が当事者になり得る可能性も含め，当事者の立場に立って考えることができるよう促していきました。

授業の最終段階では，対極の議論が展開されている脳とコミュニケーションにまつわるさまざまな話題（たとえば，胎教には効果がある，ないなど）について，肯定的な立場と否定的な立場に分かれてディベートを展開しました。現在，我々の周りにはさまざまな情報が溢れています。それらを取捨選択する際には，情報に対する多角的な見方を身につけなければなりません。偏った情報のみを入手すると，それは偏った知識となります。我々が広く深い社会的想像力を養うためには，物事の一側面だけを知るのではなく，その物事に関する情報を広

く取り入れ，取捨選択しながら多角的な知識を身につけていく必要があります。ディベートでは，自分の立場についての情報を収集するだけでなく，対峙する立場からの反論も想像し，それに対する理論武装もしなければならないため，幅広い情報の収集が必要となります。ディベートを通じて，情報の偏りに気づき，多角的にみることの大切さを感じてもらいたいと考えました。

● 1-4 本授業の目標

以上のように，本科目では，これらの4段階の授業を通じて，さまざまな困難をもつ人がどのような課題を抱えており，どのような生きにくさをもっているのかを知ることを第一の目標としました。そして，それらの知識を身につけたうえで，今の時点では当事者ではないが今後当事者になり得る可能性や，親しい誰かが当事者になることに気づき，かかわり方を想像できるようになることを第二の目標としました。さらには，脳にまつわるさまざまな情報の偏りに気づき，それらの情報の取捨選択できる力，すなわち脳科学リテラシーを身につけることを最後の目標としました。

2 学習の意義

本授業では，受講生が共生社会について考え，その実現に向けた一歩を踏み出す力を身につけることを目標として，神経心理学という心理学の1分野に基づいた内容を展開しました。ここでは，本授業が教養教育の一環として行われたことをふまえ，心理学に基づいた内容を教養教育に取り入れる意義を広く考えつつ，その中での本授業の位置づけと課題について，私なりの見解をまとめていきたいと思います。

● 2-1 教養教育と一般教育の違い

教養教育に関係する用語としては，リベラル・アーツ（liberal arts），教養教育（liberal education），一般教育（general education）といったことばがありますが，まずはそれぞれの用語の違いを整理したいと思います。米国最大の大学団体であるAAC&Uの定義によれば（https://www.aacu.org/leap/what-is-a-liberal-education），

リベラル・アーツは，教養教育の核となる分野（disciplines）です。そして，教養教育とは，リベラル・アーツでの学修を通じて，社会の複雑性や多様性，そして変化に対応できる力を形成し，科学，文化，社会というより広い世界での幅広い知識のみならず，ある専門に特化したより深い知識の形成を志すものです。これに対して一般教育とは，AAC&U によれば，教養教育の一部として位置づけられており，複数の分野に幅広く触れ，知識，市民性，そして実践性の基礎を培うカリキュラムを意味します。専門教育との対比となる概念であり，専門的学習の前提となる基礎的な知識・素養・思考力などの形成を目的とした専門基礎教育です（日本学術会議 日本の展望委員会 知の創造分科会, 2010）。山地ら（2013）は，日本の大学での教養教育は，学士課程教育全般，さらには高等教育以前の教育もふくむ 21 世紀市民の育成という広範な意味合いをもつ米国の教養教育は異なり，ここでいう一般教育に近いものであると指摘しています。

● 2-2　新たな教養教育

　教養教育の歴史をさかのぼれば，古代ギリシャにその発祥があるといわれています（半田, 2010）。その具体は専門書に譲りますが，教養教育を構成するリベラル・アーツには自由 7 科というものがあります（山田, 2013）。自由 7 科とは，文法，修辞，論理の三つの学と，数論，幾何，天文，音楽の 4 科目です。前者の 3 学は言語に関わる内容であり，後者の 4 科は数学に関する内容です。アメリカにおいては，一貫してこれらの自由 7 科によるリベラル・アーツを中心とした教養教育が行われてきましたが，その伝統を守りつつも，時代の変化に応じて科目や学習目標の見直しやアウトカムの評価方法などについて検討が重ねられ，適宜改善や再構築が図られてきました。一方，日本の教養教育は，アメリカの影響を受け，民主的市民の育成を目標として導入され，一般教育科目として制度化されました。しかしながら，時代の変遷とともに専門教育が重視されるようになるにつれ，教養教育への軽視が生じるようになりました（日本学術会議 日本の展望委員会 知の創造分科会, 2010）。

　日本の高等教育における専門教育重視は現在でも続いていますが，社会のグローバル化や情報化が急速に進むにつれ，それらの変化に柔軟に対応し，多様な人々と共に生きる力を教養教育の中で育み培う必要性が強く求められるよう

になってきました。そこで，日本学術会議日本の展望委員会知の創造分科会は2010年に「21世紀の教養と教養教育」を提言し，現代の大学教育における教養教育は，もはやリベラル・アーツによる教養教育やいわゆる一般教育のいずれかに依拠するものではなく，まさに今の時代にあった新たな教養を身につける場として機能するべきだと述べています。

　この分科会では，21世紀に期待される教養として，現代世界の諸変化の特性を理解し，直面する問題について考え探究し，それらの問題や課題の解明に取り組んでいくための学問知，技法知，実践知と市民的教養を挙げています。学問知とは，学問・研究の過程において形成され，その成果として得られる知であり，分析的・批判的思考力，自己を振り返る力とされています。また，技法知とは，言語や情報に関するリテラシーのほか，コミュニケーション能力などが含まれます。この知は，学問知や実践知の基礎となるものです。そして，実践知とは，得られた知を日常の場面で実際に活用・実践していく知であり，社会の中での自分を確立していく力とされています。さらに，市民的教養とは，先の三つの知を核に，社会の一員として社会に積極的に参加し，社会に関する課題や問題に広く携わっていくための力であり，まさに本書の大きなテーマである共生社会の実現に向けて取り組む力といえるでしょう。

● 2-3　教養教育の中の心理学

　では，心理学は日本における「新たな教養」の構築にどのように貢献できるのでしょうか。心理学は，心のはたらきについて，実験や観察，あるいは調査面接といったアプローチ法に基づき，行動やその他の指標を使用しながら科学的に明らかにしようとする学問です。したがって，色々な手法を用いて内にある我々の心を理解するのが心理学ですが，実際には我々の心は，多くの場合，我々の外，つまり環境との関わりの中で生じ，機能します。さらには，その時代における社会的・文化的な枠組みの中で確立され，変化することもあります。ですから，心理学を学ぶことで，自分そのものを知るだけでなく，社会との関わりにおける自己や他者を理解することができるようになります。そして，このような自己と他者の理解は，お互い様の精神を醸成し，共生社会の実現の礎になっていくと考えられます。しかし，残念ながらこれまでの心理学では，専

門教育としてその内容が議論されることがあっても，教養教育としての在り方についてはほとんど検討されてこなかったように感じます。大学における教養教育が見直される現在，心理学が教養教育の目標をどう達成できるのか，そのためにはどのような授業が展開されるべきなのか，改めて考える時期に来ているといえます。

2014年に報告された日本学術会議心理学・教育学委員会心理学分野の参照基準によると，教養教育における心理学では，以下四つの素養を身につけるべく授業を展開する必要があると述べています。すなわち，1) 心のはたらきとは何かを理解する，2) 心と行動の普遍性を知る，3) 心と行動の多様性と可塑性を理解する，4) 心理学の社会的役割を学ぶ，です。心のはたらきの理解とは，我々人間が心を通して自己を知り，環境を認知し，環境に働きかけているということを修得することです。また，心と行動の普遍性の理解とは，我々人間に共通する心の在り方や行動のパターンがあり，それらが一般的な法則や原理で説明されることを学ぶことです。そして，心と行動の多様性と可塑性の理解とは，前述のような共通の心の仕組みがある一方で，個人差や文化差，あるいは発達過程における変化や柔軟性，揺らぎがあることを知ることです。最後の心理学の社会的役割を学ぶとは，心理学が社会における諸問題の解決に貢献していることを実例から理解することです。たとえば，会社におけるリスクマネジメントには組織心理学が，人間工学的な環境改善には認知心理学が，犯罪防止と矯正には犯罪心理学が，学校教育場面における学習の促進には教育心理学が，高齢者や乳幼児への支援には発達心理学がそれぞれ貢献しています。ですから，それらの具体例を通じて，心理学が社会的な課題を解決するためのツールになり得ることを学ぶことができます。

● 2-4 教養教育の中の神経心理学

本授業で扱った神経心理学は，上述のような心理学の教養教育としての素養をどのように満たすことができるのでしょうか。このことについて，私自身の意見を踏まえながら次にまとめてみたいと思います。

残念ながら，私の授業は上述の参照基準が提出される前に終わったため，その基準にのっとったものにはなっていません。しかしながら，後づけではあり

ますが，授業で展開した内容は以下のように整理することができるのではないでしょうか。まず，1）心のはたらきとは何かを理解するということについては，心＝脳と捉え，脳のはたらきが心のはたらきであり，行動の源であることを知ることができます。また，2）心と行動の普遍性を知るということについては，男女，文化，民族を超え，全人類に共通の脳の構造と機能，そしてその脳の働きとして現れる行動の特徴があることを学ぶことができます。さらに，3）心と行動の多様性と可塑性を理解することについては，脳を損傷することによって生じるさまざまな問題とその変化の事例を通じて，脳と行動との関係が1対1では決して説明できないことを知ることができるでしょう。最後の4）心理学の社会的役割を学ぶことについては，神経心理学が単に脳と行動の関係や，その障害について研究するだけでなく，リハビリテーションという視点を携えつつ，障害を抱えた人の支援に貢献していることを医療現場での取り組みから理解することができるといえます。

　以上のように，授業の内容を整理し，本授業の意義をもっともらしくまとめることは可能ですが，実際には，本章の執筆にあたり，教養教育としての本授業の在り方を見つめ直すことでさまざまな反省点に直面しました。最後にそれらについて述べたいと思います。

　まず，教養教育とその目標という俯瞰的な視点から私の授業を再考すると，授業の到達目標の立て方やそれに伴う学習評価は十分ではなかったように思います。学習テーマについても，神経心理学という心理学の一分野に特化した内容であり，その背景に広がる脳科学という社会的テーマについては多くにふれることができませんでした。ですから，専門の基礎としての到達目標を多く掲げていた一方で，「新たな教養」としての内容を十分に配慮できていなかったように感じます。特に，導入部分においては，なぜこの授業が学生の学修に必要なのかということを，社会との関わりや共生社会という視点で十分に説明できたとは言い難く，本授業の目標の一つでもあった脳科学リテラシーの取得といった視点についても十分に伝えることができていませんでした。

　かつて「脳ブーム」と呼ばれた脳に寄せる一種異様なまでの関心は，近年ではごく当たり前の話題として扱われるようになり，脳について語ることは特別ではなくなってきています。そのような中，本授業のような内容から脳科学リ

テラシーを身につけることは，今後も増え続ける脳に関するさまざまな話題を正確に取捨選択し，それらを元に正しく行動する力を得ることにほかなりません。重要なのは，その考え方や情報を単に受け容れたり否定したりすることではなく，その考え方が出てきた背景や，その考え方に反する意見を多面的に捉えた上で，自分なりの解釈を導き出し，己の行動の基準の一つとしてそれを確立していくことなのです。今後は，脳という全人類の共通のキーワードをもとに，我々が共に生きる社会を広くみつめ，社会の一員として他者と共存するあり方について考えられるような新たな教養教育を展開しなければならないと感じています。

3 アクティブ・ラーニング事例

　本授業は，まず，心理学の立場からコミュニケーションの問題について知るために，我々の正常なことばの発達過程を学習することで，健常なコミュニケーション様相への理解を深めることから始めました。そして，心理学と認知科学の立場から，コミュニケーションを脳内での情報処理過程として捉えることで，脳とことばの関係の理解を目指しました。その後，それらをつかさどる脳の一部が損傷したとき，我々のコミュニケーションにどのような問題が生じるのかを概観したうえで，コミュニケーションの障害を克服するための手段について考えました。さらに，授業の終盤では，脳とことばに関する相反する知見を題材に，双方の立場からのディベートを行い，情報への多面的なアプローチを試みました。

　本授業では，これらすべての内容について，グループ・ディスカッションとプレゼンテーションの手法を用い，学生自身のコミュニケーション力を高めることを目指しました。そして，我々が普段意識せずに行っているコミュニケーションが物言わぬ脳の働きによるものであることに関心を寄せ，その脳が健常に働かなくなった時に生じる種々の問題を，誰にでも生じうる問題として捉えることで，共生社会について考えはじめるきっかけを提供しようとしました。また，相互のコミュニケーションによって，社会に氾濫する脳科学の情報への批判力と分析力を養い脳科学リテラシーを身につけるという目標も達成しよう

としました。

● 3-1 授業の流れ

本授業は，前半8回と後半7回＋試験1回の2期にわたる集中講義形式で展開されました。対象学生は，表2-1にあるように，五つの異なる専門学部学科に所属していました。本授業は，学部横断型の教養であることから，自分の所属とは異なる学生とかかわることで普段とは違った人間関係を構築できるよう，各グループは，すべて異なる学部学科からなる5名から構成されました。授業には1名のTAと1名のボランティアがつき，ディスカッションが進んでいな

表2-1　脳とことば

授業科目	脳とことば
対象学生	医学部医学科・医学部保健学科・歯学部・工学部・環境科学部の2年次生50名
到達目標	1. コミュニケーションの問題について知る 　（1）言葉の発達について理解できる。 　（2）脳とことばの関係を理解できる。 　（3）脳の機能不全によることばに関連した障害様相について理解できる。 2. 授業で学んだことをよりよいコミュニケーションを目指した実生活に生かすことができる 　（1）障害と健常の垣根を越えたコミュニケーションの重要性に気づく。 　（2）多様なコミュニケーションの方法を実践できる。 3. 脳科学リテラシーを身につける 　（1）多角的な情報収集ができる。 　（2）多角的な見方ができる。
アクティブ・ラーニングの方法	①グループ・ディスカッション ②グループ・プレゼンテーション ③グループ・ディベート
学習評価の方法	①予習課題（20%） ②復習課題（10%） ③プレゼンテーション（15%） ④振り返りの提出を含む，授業への積極的な参加・貢献度（15%） ⑤定期試験（40%）

いとみられるグループにかかわり，アドバイス等を行いました。

授業内容は，表2-2に示すように，四つのテーマに分かれていました。最後のディベート以外の各テーマは4回ずつの授業にまとめてあり，1日で一つのテーマを終える形になっていました。

4回の授業のうち，1回目の授業は最初の前の日のテーマの復習にあて，ミニ

表 2-2a 授業の進行〈Ⅰ ことばの発達を知る〉

回	日付	学習内容	目標	授業方法	予復習課題
1	4月20日	・授業の進め方のオリエンテーション ・アクティブラーニングの目的 ・良い聞き手になるための方法を学ぶ 　―聞き方ロールプレイ	2(2)	ミニレクチャー グループワーク	予）なし 復）なし
2	4月20日	・ことばの発達に関するプレゼンテーションの準備	1(1) 3(1) 3(2)	グループワーク	予）新生児～乳幼児期のことばの発達と，それぞれの時期に有効なコミュニケーション方法について調べ，まとめる 復）
3	4月20日	・ことばの発達に関するプレゼンテーション	1(1) 2(2)	プレゼンテーション	予）なし 復）単語の説明
4	4月20日	・プレゼンテーション続き ・プレゼンテーションフィードバック ・ことばの発達に関するまとめ	1(1) 2(2)	ミニレクチャー DVD視聴	予）なし 復）なし

表 2-2b 授業の進行〈Ⅱ 脳とことばの関係を知る〉

回	日付	学習内容	目標	授業方法	予復習課題
5	4月21日	・ことばの発達に関する振り返り	1(1)	ミニレクチャー グループワーク	予）なし 復）なし
6	4月21日	・脳の構造と働きに関するプレゼンテーションの準備	1(2) 3(1) 3(2)	グループワーク	予）脳の構造と働き（特に大脳皮質と呼ばれる部分や言語に関わる脳部位）について調べ，まとめる 復）なし
7	4月21日	・脳に関するプレゼンテーション	1(2) 2(2)	プレゼンテーション	予）なし 復）単語の説明
8	4月21日	・プレゼンテーション続き ・プレゼンテーションフィードバック ・脳の構造と働きに関するまとめ	1(2) 2(2)	ミニレクチャー DVD視聴	予）なし 復）なし

表 2-2c 授業の進行〈Ⅲ 脳の機能不全と障害について知る〉

回	日付	学習内容	目標	授業方法	予復習課題
9	5月17日	・脳の構造と働きに関する振り返り	1(2)	ミニレクチャー グループワーク	予）なし 復）なし
10	5月17日	・ことばの障害に関するグループワーク	1(3) 3(1) 3(2)	グループワーク	予）①事前に配布された単語の意味を調べてくる。②担当することばの障害について，障害様相，ことばの問題，コミュニケーションの取り方について調べてくる。 復）なし
11	5月17日	・ことばの障害に関するプレゼンテーション	1(3) 2(2)	プレゼンテーション	予）なし 復）単語の説明
12	5月17日	・プレゼンテーション続き ・プレゼンテーションフィードバック ・ことばの障害に関するまとめ	1(3) 2(2)	ミニレクチャー DVD視聴	予）なし 復）なし

表 2-2d 授業の進行〈Ⅳ 脳とことばの神話について考える〉

回	日付	学習内容	目標	授業方法	予復習課題
13	5月18日	・ことばの障害に関する振り返り	1(3)	ミニレクチャー グループワーク	予）なし 復）なし
14	5月18日	・ディベート準備	3(1) 3(2)	グループワーク	予）与えられたディベートのテーマについて，肯定的立場と否定的立場の両方の情報を収集し，まとめる。 復）なし
15	5月18日	・ディベート	3(1) 3(2)	プレゼンテーション	予）なし 復）なし
16	5月18日	・試験			

レクチャーを行いました。ミニレクチャーでは，最初に，前回の授業で提出された振り返りカード内の質問と感想について説明しながら，前回のテーマの内容について確認しました。そして，前回のテーマについて，プレゼンテーションで示された内容をふまえつつ，新たな内容も取り入れ，プレゼンテーション間のつながりをもたせた説明を行いました。さらに，次の授業テーマに関わる

キーワード（単語）を10個程度プリントにし，「知っている単語で説明できる単語」「知っているけどよくわからない単語」「知らない単語」に分類させるのと同時に，説明できる単語については，説明を記述するように求めました。これは，テーマに関して自分たちがもっている知識とそうでない知識を学生に意識させるために行いました。

　2回目の授業は，予習に基づくグループ・ディスカッションとプレゼンテーションの準備に当て，3-4回目の授業においてプレゼンテーションを行いました。プレゼンテーションでは，各グループの発表について，フロアのグループによるルーブリック評価を求めました。すべてのプレゼンテーションが終了した後，最もすぐれたプレゼンテーションを行ったグループを互選により決定し，MVP賞としました。MVPの選出では，メディアの効果を狙ってクリッカーを使用しました。その後，プレゼンテーションに対するルーブリック評価をグループ内にフィードバックし，その日のテーマに基づいたDVD視聴を行いました。

[1] ことばの発達を知る

　1回目の授業に先立って，4月の最初に「お知らせ」を配布し，担当教員の自己紹介，授業形式，4月19日と20日の授業内容とそのための予習課題について説明しました。また，前年度までの授業において，インターネット上の情報をコピー＆ペーストしたレポートが散見されたため，コピー＆ペーストが著作権の侵害に当たること，そしてそのような行為が大きな社会問題を引き起こしうることについて説明し，コピー＆ペーストを禁じるとともに，それがわかった場合には課題の提出点が0点になることを明示しました。

　1日目の第1回目の授業では，まず，アクティブ・ラーニングの目的について確認しました。アクティブ・ラーニングの意味とその方法，そしてその効果を最大にするための「メタ認知」（次節のキーワード解説を参照）の働きについて説明し，メタ認知を高める方法について教示することで，有効な使用を求めました。

　また，1回目の授業では，「相手の話を聞く」というアイスブレークを兼ねたロールプレイを取り入れました（沖・林，2010）。このロールプレイを通じて，聞き手の態度によって話し手の話しやすさが異なることを体験し，プレゼンテ

ーションの善し悪しも聞き手の態度によって大きく左右されることに気づいていくことを目指しました。
　第2回目のグループワークでは，予習課題に基づいて四つのテーマを設け，一つのテーマにつき二つのグループを割り当てました。四つのテーマは，1) 新生児期のことばの発達，2) 新生児とのコミュニケーション，3) 乳幼児期のことばの発達，4) 乳幼児とのコミュニケーションであり，与えられたテーマに基づいて5分のプレゼンテーションを作成することを求めました。また，プレゼンテーションのルーブリックを事前に配布し，プレゼンテーション時に留意するべき事項について考慮するよう指示しました。このテーマの発表形式は，すべて模造紙によるポスター発表とし，各グループに模造紙1枚とポストイット，カラーペン等を配布しました。作業場所については，教室内にとどまらず，図書館その他作業しやすいところとしました。
　第3回目，4回目のプレゼンテーションとそのフィードバックでは，すべてのポスターを教室内の四方の壁に掲示し，プレゼンテーション時にはそのポスターを教室前に移動しました。プレゼンテーション後の意見交換では自主的な意見が出にくいことから，一つ前に発表が終わった班に意見や感想を求めました。また，意見交換が終わった後には，フロアのグループによる評価時間を5分程度設けました。4回目の授業では，フロアからのルーブリックによるフィードバックを各グループに手渡し，グループ内で共有するとともに，次回のプレゼンテーションの課題について考えるよう伝えました。

[2] 脳とことばの関係を知る
　2日目以降の授業も1日目とほぼ同様の形式で進んで行きました。
　第5回目の授業では，前日のことばの発達に関する振り返りとして，プレゼンテーションの内容に加え，脳の発達とことばの関係に言及しながらミニレクチャーを行いました。第6回目と7回目は1日目と同様の進行であり，脳の構造とその機能に関するもので，1) 脳の全体的な構造，2) ラテラリティ，3) 前頭葉とことば，4) 後頭葉とことば，5) 側頭葉とことば，6) 頭頂葉とことば，7) 言語野，8) 読み書きと脳のいずれかのテーマをグループにわりふり，作業を促しました。これ以降の発表形式については，ポスターとパワーポイントの

どちらでもよいことにしました。

　第8回目の授業の最後には，三つの予習課題を提示しました（表2-2c, dの第10回目と第14回目の予習課題参照）。課題1は，第10回の授業に関連した単語の意味調べでした。第8回目の授業内に，まずグループ内で知っている単語と知らない単語を分類し，知っている単語についてはその単語を知っている人がメンバーに説明することで情報の共有を図りました。そして，メンバーの誰もが知らない単語について，各自調べてくるよう求めました。

　課題2は，次回のプレゼンテーションに関わるもので，ことばの障害に関する八つのテーマを設けました：1）言語発達遅滞，1）高次脳機能障害，3）失語症，4）AD/HD，5）自閉症スペクトラム，6）学習障害，7）脳性まひ，8）認知症。これらのテーマについて，①障害様相，②言葉の問題，③コミュニケーションの取り方についてまとめてくるよう指示しました。課題2のみでは，自分の担当した部分のみを調べることになってしまうため，課題1を実施することによって，テーマの全般的な理解を促すことを目指しました。

　課題3では，後半の第14回，15回で行うディベートのテーマを提示し，それぞれの肯定派と否定派の立場を割り振りました。ディベートのテーマについて，1）男女では言語能力に差がある，2）胎教には効果がある，3）外国語習得のための早期教育には効果がある，4）ことばの獲得には環境的な要因が重要な役割を果たす，の四つを設け，いずれも肯定的な知見と否定的な知見の真偽が分かれているものを選びました。

　一連の授業の前半と後半の間では1か月近くのブランクがありました。前年度までも同様の形式で行いましたが，学生の中で前半の授業経験が後半に生かされていないような印象を受けたことから，前半と後半の間の1か月の間，毎週，前半の授業に関する内容の復習課題を，LMSを通じて課しました。

[3] 脳の機能不全と障害について知る

　第9回目においては，前回の脳の機能と構造の振り返りとして，前回提出されていた質問の内容への説明に加え，プレゼンテーションの内容に関する補足説明を行っていきました。一口にことばの障害といっても，理解や発話など障害される側面が異なる場合があることなどをふまえ，ことばの障害の全体像に

ついて説明した後，各ことばの障害について振り返りました。

続く第10回目と11回目は，前回と同様の進行であり，担当テーマにしたがって，作業を進めました。また，第12回目においては，各障害の特徴は文言からは理解することが困難であるため，各障害の特徴を示した動画を視聴することで体験的な理解を促しました。

[4] 脳とことばの神話について考える

集中講義4日目となる第13回から15回は，それまでの授業とは一部形式が異なるものでした。第13回については，それまで通り，前回の授業に対する質問への説明と内容の振り返りを行いましたが，第14回と15回は，ディベートの準備と実施でした。第14回のグループワークでは，準備に先立って，ディベートに際しての目的と注意点について説明しました。第15回目のディベートでは，まずテーマの賛否について，クリッカーを使用し，フロアの意見を尋ねました。

続くディベートは2回にわたって行われました。まずそれぞれの立場を5分ずつで主張したのち，10分の作戦会議を設け，再度5分ずつのディベートを行いました。ディベートを聞くフロアにおいては，ディベートのテーマに関する自分自身の意見，グループの意見の要約，印象的な意見，ためになった意見，疑問をもった意見などをワークシートに記入を求めました。このシートはディベートを行ったグループへのフィードバックに利用しました。2回のディベート終了後には，フロアの意見を再度尋ね，ディベートによって意見がどのように変化したかをみました。すべてのディベートが終了した後，各グループごとにフロアからの意見が書かれたワークシートを手渡し，ディベートの成果について共有する作業を設けました。

● 3-2　学習の評価

成績評価は，表2-3に示すように，合計200点を100点換算し，60点以上を合格としました。各プレゼンテーションでMVPを取ったグループのメンバーには，それぞれ5点ずつボーナス点を加算しました。出席点の割合が高くなりましたが，集中講義のため，2回から4回の授業をクラブの試合等の都合により休むケースもあり，それを考慮した点数にしました。

表 2-3　成績評価の方法

評価対象	目標	実施方法	配点と評価観点
予習課題	1, 3	①次回のグループワークに必要な情報の収集をし，レポート形式で提出。レポートの形式は，他の科目と同様に指定。 ②授業に関係する単語を調べ，提出する。	合計 46 点 ①各課題 10 点満点×4 回。内容，引用文献，テーマ，興味深さの四つの観点をルーブリックにより 5 点満点で評価し，評価点をその 1/2 で算出。 ② 6 点
復習課題	1, 2	LMS にアクセスし，課題の内容について回答を送る。	合計 18 点 1 回 6 点×3 回。1 週間に 1 回提示し，3 週にわたり 3 回実施。
プレゼンテーションとディベート	1, 3	①グループ間の相互評価。各グループの発表について，グループの意見をまとめ，指定されたワークシートに評価を記入し，提出する。 ②その日のプレゼン等で最もよかった班を相互選出。	30 点満点＋MVP によるボーナス点 ①各プレゼンにつき，1 回 10 点満点×3 回。言語情報，視覚情報，聴覚情報，メディア情報，質疑応答の五つの観点から 2 点満点で評価。各グループからの評価点の平均点をグループ内メンバーに付与。 ② MVP に選ばれたグループのメンバー全員に 5 点のボーナス点を付与。
振り返りカードの提出	1, 2	1 日の授業内容について，指定されたシートに記入し，授業後に提出。内容は予習内容，予習でわからなかったこと，予習でわからなかったが授業でわかったこと，予習でも授業でもわからなかったこと，講義に関する質問，感想，次回の授業でもっと詳しく知りたくなったこと，その日の授業評価，から構成された。	合計 32 点 試験を含めた出席と振り返りカードの提出に対して 2 点×16 回。
試験	1, 2	予習課題や復習課題に基づいた内容を含み，授業内容についての記述式の試験を実施。	74 点満点

　成績の結果をみると，予習課題の得点は個人差が大きく，すべての観点において満点を取る学生もいませんでした。このことから，2 年次生であっても，レポートの書き方について再度，時間を割いて説明する必要があると感じました。プレゼンテーションの得点の範囲は，10 点満点中 4.5-9.5 点と，グループによって評価に差が見られ，教員の印象とほぼ一致するものでした。このことは，相互評価であっても，学生がそれぞれのプレゼンテーションについて的確に評価していることを示しているといえます。復習課題については，提出している学生とそうでない学生に二分されました。

　期末試験では，プレゼンテーションのテーマに加え，復習課題で課した内容を盛り込みました。得点範囲は 74 点満点中 45 点から 74 点であり，全員が 6 割以上の得点でした。試験が持ち込みありだったこともあり，学生にとっては

かなり簡単な内容であったかもしれません。

振り返りカードでは，学生がプレゼンテーションの工夫を重ね，より良いものに仕上げようとしている姿勢が示されていましたが，プレゼンテーションの内容が正しいのかどうかをずいぶん気にしている様子もうかがえました。またディベートについても，ディベートそのものは，プレゼンテーションよりもおもしろかったという感想が多くみられた一方で，教員がどう考えているのかといった質問や，実際にはどちらが正しいといえるのかを尋ねる質問が多くありました。プレゼンテーションについては，その後のミニレクチャーである程度の理解が促進されたことも示されていましたが，知識の探究とその教授といった，アクティブ・ラーニングと講義の時間配分については今後も試行錯誤が続きそうです。

本授業は，前述の三つの目標を掲げて行ってきました。三つのうち，1「コミュニケーションの問題について知る」と3「脳科学リテラシーを身につける」の二つについては，主観ではありますが，回を重ねるごとに，学生のグループワークにおけるディスカッションが充実し，プレゼンテーションの内容も成熟していった点，そしてディベートの内容がどれも十分に調べられ，興味を引き付けるものであった点から，ある程度達成できたのではないかと考えています。しかしながら，学習目標に沿った個人の達成度については，レポートと試験からしか評価できず，グループ内での個人の相互評価などを取り入れていく必要があると感じています。また，グループ全体における学習目標の達成度合いについても，現在は項目ごとの得点による評価ですが，今後はそれらをルーブリックに置き換えて可視化していくことが課題です。

一方，目標の2「授業で学んだことをよりよいコミュニケーションを目指した実生活に生かすことができる」は，グループ・ディスカッションおよびプレゼンテーションの中で扱ったテーマに根ざすものです。これについては，学生が学んだ内容を日常生活でどれくらい生かすことができるかが達成のカギとなります。本授業は集中講義であったため時間も限られていましたが，たとえば，前半と後半の内容を一部入れ替えて，前半と後半の間の1か月で本授業の内容が生かされた場面や，本授業の内容について思い出した場面などをレポートさせるのも一つのアイデアかもしれないと感じています。

最後に，受講人数と授業の進捗に関する課題について述べたいと思います。

本授業規模は50人であり，決して大人数ではありませんでした。しかしながら，教員＋2名の授業の実施体制を取りました。1人の体制であっても，8グループの学生の進捗を見守りながら，それぞれに適したアドバイスをしていくことは可能かもしれません。しかし，学生のモティベーションを保ちつつ，アクティブにグループワークを進めていくためには，それらをサポートする人材も必要です。ノリが良く，学生をたきつけてくれる，元気のいいサポーターを得ることができれば，授業はよりアクティブなものになるはずです。

4 授業化のためのヒント

● 4-1 学習効果を高めるためのポイント提言

　私自身，アクティブ・ラーニング主体の授業を始めてまだ3年です。心理の専門家育成に向けて専門的な知識を正確に提供するということを心掛けていた授業を転換させ，アクティブ・ラーニングとは何ぞやから始まり，専門的知識を超えた教養教育としての力を学生に身につけるための授業展開について試行錯誤してきました。そのような中で私の経験から得た内容と，私の教育の師である現福山大学学長の松田文子先生から教わった内容（松田, 2013a；2013b；2014a；2014b）をふまえながら，アクティブ・ラーニングの学習効果を高めるヒントをまとめていきたいと思います。

[1] アクティブ・ラーニングと講義の配分の黄金比率を見つける

　アクティブ・ラーニングをする際には，すべての内容をアクティブ・ラーニングにするのではなく，少なくとも一部を講義する必要があると思われます。前節の私の授業事例のところでもふれましたが，アクティブ・ラーニングで自ら調べることを課すと，学生は，自分たちが得た情報や，自分たちのもっている知識は正しいのかということをとても気にします。これまでの学習で「正しいことを教えてもらう」ことに慣れてきたせいかもしれません。学生の授業に対する満足度と安心感を高めるためにも，ある程度の知識の教授が必要のようです。

　現在，他の授業においても1テーマあたり3,4回の授業を割り当て，そのう

ち1回を講義に充てていますが，それでは十分ではなく，学生からはもう少しゆっくり話を聞きたいという声も出ています。学生の特性にもよるのでしょうが，アクティブな学修と受動的な学修の黄金比率については，今後の課題です。

[2] アクティブ・ラーニングに関する説明を行う
　私は学生に対してなぜアクティブ・ラーニングが必要なのかということ，そしてアクティブ・ラーニングの効果を最大限に高めるためにメタ認知が必要であることをどの授業の最初にも呈示しています。それは，一つの経験に基づきます。
　ある心理統計法の授業において，ペア学習を行わせていたところ，どうしてもそれが成り立たないペアがいくつかありました。その授業ではペアでの学習がメインになること，そしてどのようにペアで学習していくのかは伝えていましたが，その意義については触れていなかったことに気づき，あらためて全体に向けてその意義を説明しました。すると，ペア学習が成り立たなかったペアも，ペアで学習を進めることができるようになりました。学生はたいていの場合，いわれたらその通りにできますが，それがなぜ必要なのかということがわからないと，その通りにできない場合もあるようです。アクティブ・ラーニングが彼らの役に立つものだということをしっかり説明するほうが，学生もより積極的に取り組めるかもしれません。

[3] 学生の学修を促す目をもつ
　グループによるアクティブ・ラーニングを行うと，グループ内では積極的に行う学生とそうでない学生が出てきたり，グループ間においては上手く話し合いができるグループとそうでないグループが出てきたりします。グループ内での学生の関与度の差については，やはり教員が目配りをし，あまり積極的に関与していないと思われる学生には適宜声をかけ，周りとの相互作用を促す必要があるでしょう。また，学生の関与度の差を知るには，コメントカードも有効です。グループ内で協力が得られていない学生がいる場合，たいていコメントカードに不満が書かれます。その不満に基づいて消極的な学生には教員からコミュニケーションを行い，適切な役割を担えるようリードしていかなければなりません。グループ間の温度差についても同様です。話し合いがうまくいって

いないグループには，教員が出向き，話し合いの方向性を示唆したり，話し合いをファシリテートすることが必要です。

しかしながら，受講人数が多く，グループが多い場合には，それもなかなか難しいかもしれません。前節の授業実践の最後で少し触れましたが，私の実践例では，さほど受講生が多くない中で1名のTAと1名のボランティアを授業サポーターとして付けました。彼女たちは，学生と年齢が近いこともあり，時には学生目線で，時には指導者側の目線で学生にかかわってくれていました。このような教員と学生の間の視点をもつ授業サポーターの目配りは，この度のアクティブ・ラーニングに大きく貢献していたと思います。授業における「目配り」の重要性については，のちに紹介するリソースのなかの，松田文子先生の学長短信においても触れられています（松田, 2014b）。

[4] チャレンジング・ティーチャーであり続ける

教員になりたての頃には，こちらが一生懸命伝えていることを理解できない学生がもどかしく，そして腹立たしくもありました。たとえば，先の心理統計法では，分散分析の概念を教えるに当たり，もともと無理なことをしようとしているのではないかとも思うこともありました。しかしながら，その時に松田文子先生からいわれたことは，相手がわからないということは私（教員）の努力が足りないのだから，わかるように説明をする必要があるということであり，教員は学生の理解に向けて常にチャレンジしなければならないということでした。それが腑に落ちるまでにはしばらく時間がかかりましたが，教員生活10年目を迎えた今は，私が教えるということについて重視している一つになっています。

一見，ミッション・インポッシブルと思われる内容について，学生の目線に立ち，学生がわからないところを想像し，学生に合わせた授業を展開できるチャレンジング・ティーチャーであることは，学生の個々の力を伸ばすうえで我々が常にもっておくべき姿勢ではないでしょうか。松田文子先生は，このような学生の立場に立った教え方を「知識の変換」という言葉で説明されています（松田, 2014b）。

□ キーワード解説 □

授業内容に関するキーワードは，折に触れて本文で説明してきましたので，ここでは，私が授業を作る上で重点を置いているメタ認知についてのみ，解説したいと思います。

①メタ認知

　知っていることについて知っていることとよくいわれますが，心理学における定義としては，自己の認知活動をモニタリングし，コントロールし，自分自身で効果的な学修を行っていく能力のことです（湯澤，2005）。

　樋口（2013）は，同じアクティブ・ラーニングを行っても，メタ認知を働かせることができるかどうかによって，身につく力の程度が異なることを示唆しています（たとえば，物事を批判的，多面的にとらえるなど）。したがって，授業内では，学生には何がわかっていて何がわかっていないかを意識させ，学生がすでにもっている知識が何であるかを学生自身に意識させ，新たに学んだことがそれらとどう関係するのかを考えさせるような工夫が必要です。授業事例のところで少し触れましたが，私は，各授業テーマの取りかかりとして，学生に授業テーマに関するキーワードを「知っていて説明できる単語」「知っているけどよくわからない単語」「知らない単語」のいずれかに分類させています。これは，既知と未知の知識を学生に意識させるための取り組みです。

■ リソース紹介 ■

①日本学術会議 日本の展望委員会 知の創造分科会(2010). 21世紀の教養と教養教育
- 大学改革における教養教育の変遷と新たな教養教育の在り方についてまとめられています。

②日本学術会議 心理学・教育学委員会 心理学分野の参照基準検討分科会 (2014). 大学教育の分野別質保証のための教育課程編成上の参照基準 心理学分野 〈http://www.scj.go.jp/ja/info/kohyo/pdf/kohyo-22-h140930-4.pdf〉
- 心理学を教養教育に取り入れる意義が記されています。

③白波瀬佐和子(2010) 生き方の不平等—お互いさまの社会に向けて 岩波新書
- 共生社会という広い概念を具体的に考えるのに適しています。

④樋口 健 (2013).「主体的な学習を促す授業」の可能性 ベネッセ教育総合研究所 VIEW21 (大学版), 1, p.18-22.
- アクティブ・ラーニングの効果を高めるメタ認知の重要性が記されています。

⑤松田文子 福山大学学長短信〈http://www.fukuyama-u.ac.jp/rector-statements/〉
- アクティブ・ラーニングを実際に授業で取り入れる際に重要な視点が, No.44, 45, 58, 59に記されています。

⑥山地弘起 (2014). アクティブ・ラーニングとは何か 教育と情報, 1, 2-7
- アクティブ・ラーニングとその手法についてわかりやすく説明されています。

⑦バークレイ, E.・クロス, P.・メジャー, C. (2009)./安永 悟(監訳) 協同学習の技法—大学教育の手引き ナカニシヤ出版
- アクティブ・ラーニングに使用できる技法が, 実践例と共に解説されています。

⑧沖 裕貴・林 徳治 (2010) 必携! 相互理解を深めるコミュニケーション実践学 (改訂版) ぎょうせい
- 本授業で取り入れたアイスブレーク「相手の話を聞く」のほか, コミュニケーション力を高めるグループワークが掲載されています。

⑨アイゼンク, M. W./山内光哉(監修)(2008). アイゼンク教授の心理学ハンドブック ナカニシヤ出版
- 心理学の諸専門領域の内容について, 日常生活での話題をふまえながらわかりやすく解説されています。

【引用・参考文献】

沖 裕貴・林 徳治 (2010). 必携! 相互理解を深めるコミュニケーション実践学 (改訂版) ぎょうせい
白波瀬佐和子 (2010). 生き方の不平等—お互いさまの社会に向けて 岩波書店
内閣府 (2005)「共生社会」の提唱—共に生きる新たな結び合い 〈http://www8.cao.go.jp/souki/tomoni/〉(2014年12月18日確認)
日本学術会議 心理学・教育学委員会 心理学分野の参照基準検討分科会 (2014). 大学

教育の分野別質保証のための教育課程編成上の参照基準　心理学分野
日本学術会議 日本の展望委員会 知の創造分科会（2010）．21 世紀の教養と教養教育
バークレイ, E.・クロス, P.・メジャー, C. ／ 安永　悟［監訳］（2009）．協同学習の技法─大学教育の手引き　ナカニシヤ出版（Barkley, E. F., Cross, K. P., & Major, C. H.（2005）．*Collaborative learning techniques: A handbook for college faculty*. New York: John Wiley & Sons.）
半田智久（2010）．セブンリベラルアーツとはどこから来た何ものか　お茶の水女子大学人文科学研究, **6**, 149-160.
樋口　健（2013）．「主体的な学習を促す授業」の可能性　ベネッセ教育総合研究所 VIEW21（大学版）, **1**, 18-22.
松田文子（2013a）．アクティブ・ラーニングの成果　福山大学学長短信No.44　2013 年 10 月 1 日　〈http://www.fukuyama-u.ac.jp/rector-statements/entry-76.html（2014 年 12 月 18 日確認）〉
松田文子（2013b）．アクティブ・ラーニングの成果とメタ認知能力　福山大学学長短信No.45　2013 年 11 月 1 日〈http://www.fukuyama-u.ac.jp/rector-statements/entry-77.html（2014 年 12 月 18 日確認）〉
松田文子（2014a）．社会的手抜き，フリーライダー，そして「目」　福山大学学長短信No.58　2014 年 11 月 1 日　〈http://www.fukuyama-u.ac.jp/rector-statements/entry-1644.html（2014 年 12 月 18 日確認）〉
松田文子（2014b）．「知識の変換」，そして「共同的メタ認知」福山大学学長短信No.59　2014 年 12 月 1 日　〈http://www.fukuyama-u.ac.jp/rector-statements/entry-77.html（2014 年 12 月 18 日確認）〉
ミルズ, C. W. ／鈴木　広［訳］（1965）．社会学的想像力　紀伊國屋書店（Mills, C. W.（1959）．*The sociological imagination*. New York: Oxford University Press.）
文部科学省（2012）．共生社会の形成に向けて─共生社会の形成に向けたインクルーシブ教育システム構築のための特別支援教育の推進（報告）〈http://www.mext.go.jp/b_menu/shingi/chukyo/chukyo3/siryo/attach/1325884.htm（2014 年 12 月 18 日確認）〉
山田　順（2013）．本物のリベラルアーツを日本人は知らない─リベラルアーツとは何か（下）　東洋経済オンライン〈http://toyokeizai.net/articles/-/13769〉（2014 年 12 月 18 日確認）．
山地弘起・劉　卿美・橋本優花里・川越明日香・橋本健夫（2013）．米国における教養教育改革の事例─ワグナー大学・イーロン大学・アルバーノ大学・IUPUI の訪問調査報告　長崎大学大学教育機能開発センター紀要, **4**, 23-37.
湯澤正通（2005）．メタ認知　森　敏昭・中條和光［編］認知心理学キーワード　有斐閣, pp.158–159.

第3章
人類学から
コミュニケーションへの根源的問い

波佐間逸博

1 メッセージ・テキスト

● 1-1 異質な世界との出会い

　「コミュニケーション実践学Ⅰ　コミュニケーションの比較文化」という科目では，アフリカ（とくにサハラ以南のアフリカです）に広がる乾燥サバンナや熱帯降雨森，砂漠といった，日本人にはあまり馴染みのない場所で生活している人びとのコミュニケーションに関する具体的な事例を取り上げます。その目的は，異質な世界で暮らしている人びとが互いにコミュニケートしている場面を，身近に感じておもしろがることにあります。たとえば，牧畜民の青年が牛を引き連れてサバンナの牧野を闊歩し，朗朗と，張りのある声で自作の歌を歌っているところを，スピーカーを通して流します。歌詞の内容ももちろん興味深いのですが，まずその声と声の主の存在から圧倒的で闊達な力を感じとるところに，その歌声を教室に響かせる意図があります[1]。日々の何気ない生活の場面での，歌い手とその歌声を受け入れる聞き手たちの自由なあり方には，人びとが生活世界のなかで他者と「ともにある」形の広がりを，驚きのうちに実感させる迫力があるからです。

　ここで，おもしろがる，ということばには，他者の感じ方を身近なものとして感じるその変化や，意外で新鮮な感じ方を楽しむという意味が含まれている，としておきたいと思います。たしかに，いわゆる「他者の親近化」（未知である他者を既知なる者とすること）は，人類学の重要な任務である「異文化理解」を牽引する核心的な作用であり続けてきました。しかし，他者と目線を重ねると

---

[1] この歌声を聞いたときの感想として，何人かの受講生は「胸がすく感じがした」とか「胸を張って声を出す気分になった」と語りました。

いうことは，どこまでいっても想像に留まるものではないでしょうか。なるほど，学生たちがいる教室とアフリカの森や砂漠は，遠い二つの世界です。そのように考えると，自分とは境遇の異なる人びとに感応するとか，目線を重ねるということを，そんなに無条件に簡単に可能であると考えることは，あまりにナイーブすぎるのではないかという疑問が出てくるのではないでしょうか。

　そのような疑問がわくのは当然です。1970年代以降より今日まで人類学的フィールドワークの実践の存立を揺るがしてきた批判もまた，異なる世界に生きる他者との違いをお決まりの仕方で強調したり，いろいろな文芸の技法を使って作品を製作してしまうことを問題視してきました（サイード，1993；クリフォード・マーカス，1996）。

　しかしながら，このような現場（フィールド）を一方的に表象しながら固定する「リアリティの自動生産装置」への批判をふまえてもなお，「他者のコミュニケーションを想像しておもしろがる」ということには，実践へのポテンシャルが内蔵されているように思います。それは，想像と創造のダイナミックな関係と関連しています。現場を想像する可能性を探る前に，その探求を意味あるものとすることのできるこのポテンシャルという点について考えておきましょう。

　わたしたち日本人にも強い影響を及ぼしている西洋の認識論においては，芸術や洞察の閃きといったことばからもわかるように，創造性は，特殊な個人が有する認知認識上の能力とされています（Nordstrom, 1995）。また想像は，想像の源泉である「リアルな」経験と比較すると，意味が薄く，力の弱いものとされています。現実の「もの」の世界とくらべて，頭中の想像は表層的な回想に過ぎないという見方に立つと，世界こそが想像にその実体的な素材を提供しているのであって，その逆はありえないということになります。

　しかし，端的にいって人は，自分自身の存在を文字どおり「思い描く」ことができるというように，想像が現実態と可能態，そして，内部（セルフ）と外部（世界のなかのセルフ）のあいだを結びつけるということも普通にありえるように思います。もしも，想像が，リアルな世界の表面的な写像を超え，セルフを起点とした創造性を生起させることもありえるということを認めるのなら，独特なコミュニケーションに身を委ねている人びとの目線に，日本の大学生たちが自分たちのそれを重ねる想像について，それは，文化的に異なる世界をつくり

あげている人びととともに社会を営んでいく基盤づくりになると考えられます。

● **1-2 コミュニケーションの根源的把捉**

わたしたちが生きるこの世界とは別の，もう一つの生活世界を想像することと，現実とのダイナミックな相互関係については，ひとまずそのように了解するとして，それではどのようにして，「（アフリカにおける異なる世界を生きる）他者の感じ方を身近なものとして想像すること」は可能になるのでしょうか。

アクティブ・ラーニングを含む多様な教育実践が試行錯誤されていること自体が，そもそも，このような問いに答えること，つまり，新しい知の力を身につけることが，一筋縄ではいかないということを物語っているように思います。

わたし自身についていえば，「これだ」と確信をもって選び取っている特定の授業方法はありません[2]。他方で，物事を伝えるための，「噛み切る」というような明快さや迫力を欠いてしまうと，多くの学生にとって掴み所のない，平板で一方的な授業となってしまうでしょう。一回の授業は，このような不安と揺れ動きをコントロールする方策をもたずに，そのつど，トライアルを繰り返しているのが実情です。

授業形態の制約という問題もあります。コミュニケーション論や人類学，アフリカの生活生態を初めて学ぶ学生が結構な数で受講するクラスとなると，方法はおのずと限られます。そこで，授業で実践する方法は，コミュニケーションという現象を根源的に捉えるという実にベーシックなものです。

この授業で取り扱うコミュニケーションという概念は，人びとがさまざまな仕方で「ともにある」ことを実現している共同の営為を表しています。もう少し具体的に説明しましょう。「コミュニケーション」の辞書的定義は，次のようなものです（新村, 2008）。

---

[2] もしそういうものがあったとしても，それを学生に受け入れるように押しつけないでいることはむつかしく，押しつけは双方にとって「おもしろくない」ものです。そのため「正しい」方法は危険でもあると，警戒する気分もあります。

> **コミュニケーション【communication】**
> ① 社会生活を営む人間のあいだに行なわれる知覚・感情・思考の伝達。言語・文字その他視覚・聴覚に訴える各種のものを媒介とする。「マス―」「会社内の―が悪い」
> ②〔生〕（ア）動物個体間での，身ぶりや音声・匂いなどによる情報の伝達（イ）細胞間の物質の伝達または移動。細胞間コミュニケーション

　ここからもわかるように，コミュニケーションの一般的な理解は，送信者によってコードに托し込まれた（en-code：符号化された）メッセージが，受信者側で解読される（de-code）一連の過程というものです。

　しかし，身ぶり，視線，表情，身体接触，発話の意味内容，韻律，沈黙といった，対面する人びとが提示しあう行為と存在の絡み合いには，（クラシックな情報理論が前提するように）感情や意図などの単なる主体の内面の表現やその伝達手段とか，あるいは（関連性理論が前提するように）認知世界を切り拓くものとして対象化したりすることによっては汲みつくすことができない位層が織り込まれているようです。授業では，そのようなコミュニケーションの定義問題それ自体を考察することも重要な課題になってきます。

　シラバスでは授業の位置づけを，以下のように記載しています（目標や評価などについては表3-1を参照）。

> 　自分たちとは異なる文化に息づいているコミュニケーションに強い関心を抱いており，また，生の深層を直接観察によって突き止めようとするフィールドワークに魅力を感じている学生を対象とし，言語的・非言語的コミュニケーションの多様性と普遍性，そしてそれらが生成される基礎について，受講生の一人ひとりがオリジナルなやり方で根源から思考することを目指します。

　すなわち，授業で注目するコミュニケーションの概念は，多様な思考と解釈の広がりを許容するものである必要があります。そのために，一般化された標準的な定義を包含しうるものとなっていなければなりません。

　さいわい，わたしたちはアフリカから事例を引くことができます。たとえば，

アフリカの狩猟採集民が暮らす砂漠や森の世界や，牧畜民が家畜とともに遊動する乾燥サバンナの牧野に目を向けて見ると，そこでは，会話の存続を危うくすると思えるような聞き手の振る舞いが鷹揚に受容されたり，親密な関係にある者たちが敵対的とでもいえるほど苛烈な交渉に投企しあうことで，予想に反して相互的な理解をより深めてゆき，合意を成し遂げるといったような社会的相互行為が築き上げられていることがわかってきます。

　このように，日々の暮らしにおける相互行為には，コミュニケーションの通常モデルから逸脱しながらも，ともに存在する人びとが互いに呼びかけ合い，響き合う人称的な空間を現出させるという，意表をつく実践が含まれています。こうした生活それ自体とコミュニケーションの境界領域は，わたしたちがコミュニケーションの概念的な広がりを根源から考える場となります。そして，生活とコミュニケーションのそれぞれを絶対的に区分された独立領域であると捉える思考様式を再考し，その連なりから，みずからの生活をかえりみることができます。

2　学習の意義

● 2-1　感性心意で捉える

　授業で取り上げるのは，人類学研究のうちでも，観察した事実にもとづいた考察の過程を読者にも辿れるように記載した，いわば「一途な」民族誌記述です。修辞的な作法を周到に駆使した「作品」を読むことはしません。往々にして，難解な文章は，理解している対象の全体像が，感知されていないということを表しているからです。無駄を削ぎ落とした具体記述と向き合うことによってこそ，「現場をわかる」ブレークスルーに迫ることができます。具体的には，中学生にとってさえ平易と感じられる単語を使い，短い一文を連ね，言いたいことが明確に表現された記述であるかどうかを取捨選択の基準とします。

　「簡潔に書く」ということは，手軽そうにみえますが，実際には，「フィールドでの生活を，もっとも敏感な感性心意で捉える」ことが不可欠です。調査者のすっと腑に落ちる感じを支えにした記述の態度はナイーブな実感主義にみえます。そのことは否定しません[3]。しかし同時に，もっとも繊細な感性で拾い

上げられる「現場の感じ」を手放すことを拒みぬくという民族誌記述は，生活感覚を十全に捉えようとして，観察・記述・分析の対象と方法を自己限定していくことの所産とともに，その逆に世界分析を歪めていってしまうという客観主義の落し穴を自覚するところに成立するのです。

近年，生の現場における深層を，直接観察の積み重ねによって突き止めようとするフィールドワークにふたたび光があてられています。その背景には，コミュニケーション論や人類学という個別の学問の枠組みを超え，既存の知の実践的なあり方に対して現代社会が突き付けている要求があります。それは，客観主義や実証主義への懐疑と，社会的イッシューの全的で人間的な把握への要請です。現代の社会では学問は高度に細分化・専門化しており，最初から，各分野の内部で多くの人びとが共有している認識の枠組みのうちに自己限定し，学術の成果を生産するという傾向が顕著です。

近代の自然・社会科学におけるいわゆる規範的なパラダイムには，その枠組みをわきまえている人たちにとっては，どのようなサンプリングを採れば，どんな成果が出るかわかりやすいし，研究の意味を読み取ることもそれほど難しくないという利点があります。しかし，現代人類学においては先述したように，調査する者が専門的な知識を使って，調査される者を自在に切り取るスタイルは，あまりにスタティックで現実離れしているという批判を免れません[4]。近年，大学生が教育-学習に（高校までの教育-学習との対比において）差異的に，「主体的学習」「学びの主人公」というセルフの意識をもって取り組む必要性が指摘されています。そして，それを具体化する一つの学習活動として，フィールドワークの実践に特別な注意が向けられています。この背景には，フィー

---

3) そして，たとえば，女性という性の共有性を実感的・本質的に措定することで，人種主義の支配層による，抑圧される弱者層への暴力的な関与を消去する作用を生み出すという批判はおなじみのものです。
4) 日本の大学における社会調査教育では，質的なフィールドワークは，数量的な調査に対して従属的な位置におかれたり，サーベイ調査，質問紙調査，事例調査の補完物として取り扱われたりしてきました。質的と量的なフィールドワークに分割する思考は主観と客観を二分する近代的な思考の産物であり，その組み合わせを前提するのは予定調和的方法主義であると批判されてきました。それでもなお，社会調査を行う人びととはこの乱暴な分類によって，相互排他的に分断されています。

ドワークという営みを特徴づける性質，つまり知識のあり方を生活実感から切り離さずに具象世界に分け入っていこうとする姿勢への認知があります。

● 2-2　欧米の人類学教育との相違点

「簡潔な記述」の人類学を欧米の人類学教育と比較したとき，調査する者とされる者のあいだの関係性の理解の仕方において，大きな違いがあることがわかります。「フィールドでの生活を，もっとも敏感な感性心意で捉える」というときの感性心意は共同的な生活実感のことであって，いわゆる「ラポール」とは異なります[5]。ラポールとは多義的な概念ですが，一般的には，調査する者とされる者の理想的な関係を指し，調査する側における友愛の精神や誠意といった道徳的なメンタリティを前提とします。

たとえば，欧米の伝統的な社会調査論や，ふたたび脚光を浴びている「深いインタビュー」や「厚い記述」という伝統的なアプローチを擁護／実践してきた質的なフィールドワーク論における一般的な説明では，ラポールの機能は，調査される者における「外部者への防御」を打ち破ること（＝調査する者に対して「内幕」を隠さないこと）に見い出されます。そして，ラポールを確立するための手段として，調査される者の象徴的な世界や言語，慣習やルールを習得し，調査する者が調査される者によって「人を陥れることのない，ごくごくふつうの控え目な人」とみられるよう努めなければならないと推奨されます。

アメリカにおける人類学の授業は，これまではもっぱら大学院教育が担ってきた関与の人類学（Engaged Anthropology）という型のフィールドワークを，より積極的に学士課程の中に取り込んでいこうという風潮が強まっています（Lassiter & Campbell, 2010）。「どこか遠い所にある異文化」の探求者としての人類学的フィールドワーカーに関する伝統的なイメージは，みずから1915-1918年のあいだにニューギニアのトロブリアンド諸島において現地語を習得し，長期の参与観察を遂行することによって，フィールドワークによる客観的文化理

---

[5] この対立軸の設定は，ケニアの都市と農村において社会人間学的なフィールドワークを続けてきた松田素二による，現代民族誌の窮状からの生活人類学を基軸としたブレークスルーという明察にもとづきます（松田, 2009）。

解の魔法的な機能を印象づけた社会人類学者の名前を取って，「マリノフスキーの神話」と呼ばれます。関与の人類学は，この「神話」を再生産することへの反省にもとづくもので，現在の「フィールド」は「外部」との入り組んだ協力活動のフローが拡大しつつあるアクチュアリティを踏まえ，社会運動を最終的なゴールとする，社会連携・民主主義・市民性を具備するフィールドワークを実践するという流れです。

これによりアメリカでは，「マリノフスキーの神話」の再機能化（既存の人類学教育方法の反復）を通じて民族誌記述のトレーニングとする伝統的な流れと，「現場への即応」を重視する関与の人類学の潮流の分岐が顕著になっています。そしてここでもまた，ローカルな NGO と協働して調査する者には，支援される民衆に対する支援する民衆の一員として，両者の間の境界線を自在に横断するためにラポールを活用することが推奨されます。

イギリスの学士課程における人類学概論の重要性は，多文化教育の文脈で理解されています。つまり，異なる文化・社会背景を生きてきた学生たちが，文化的差異に肯定的な価値を見い出すことによって，異言語習得の困難，生活適応の諸問題，人種差別を乗り越えるために人類学は活用できる，というものです（Hendry, 2013）。そこには，人類学的な理解が依然として浅い状態に留まっている現実社会において，カラーテレビからオンライン映像技術革新の普及によって，「辺境・未開の民」に関するエキゾティックなイメージが一般化する流れがますます強まっている，という現状把握があります。そして，このような加速度的に増殖する「誤った知識」を適正化するミッションを果たすために，学校教育のより初期段階（セカンダリー・スクール）でのカリキュラムの中に人類学を配置するという構想が示されています。当然そこでは，「実情」をデータ化するためのラポールの手段化，そして，オールマイティにデータ収集が可能な超越的で透明な人類学者という現実離れした想定は不問に付されたままです。

感性心意で捉えるということは，むしろ，このようなロゴス中心主義的な技術論の束縛から離れることです。文化的な他者が出会ったとき，相手に対して純粋な「心」や精神が備わっており，さらにそこに慣習や言語に対する理解がつけ加われば，互いに疎通は完璧であるかというと，そうではありません。アンケート調査のように「出会う」だけならそれで十分なのかもしれませんが，

ひとたびおなじ生活社会に暮らし，それぞれの仕事を始めるとすぐに，日常生活のあちこちで生活実感の違いからくる，ややこしい問題が生じてきます。

　人類学者という「異文化のプロフェッショナル」も例外ではありません。簡潔なフィールド観察記述に欠かすことのできない共同性にもとづく感性心意とは，こうした生活の問題を互いにやりくりしていくことで形成されるものです。それは，意識よりももっと直接的なレベルにおける生き方そのものと密接に関連して析出される，具体的な生活共同性の感覚そのものです。ラポールという概念は調査する者の，個々の状況から超越して常に一貫している意識を前提しています。それに対して，このような生活共同性の感性心意は，時にダイナミックに時に微妙に変容するものの見方です。

　このように，生身の個人に直接迫りつつ現実の全体を理解するという現代社会の要請は，技術論的反省の問題を超えて，日常的な生活実感の共同性によってこそ応答できます。したがって，生活共同性の感覚を頼りに掬い取られたありのままの事実を簡潔に記述した民族誌には現代的な重要性が含まれています。そして，この授業素材が有している現代世界からの要請への応答性は，想像／創造へ連なる関心の素地ともなりうると考えられます。

3　アクティブ・ラーニング事例

● 3-1　授業の方法

　この授業でのアクティブ・ラーニングの方法は，映像・文献などの民族誌資料を活用した事例学習と，それにもとづく個人による，あるいはグループのメンバーとのワーク（文献を読む，映像・音声鑑賞，ディスカッション，小レポート・発表原稿の作成）およびプレゼンテーションから構成されています。また民族誌的トランスクリプト（転記）を用いて会話を実演しますが，これは，トランスクリプションという手法（資料収集と分析の方法）に触れるとともに，異文化の個性的な会話世界を現前させるためです。

　実演中の学生たちは相互に，いろいろな感想をこぼしています。たとえば，複数のセンテンスにわたって複数の人が発話を重ねる会話のトランスクリプトを使った再現では，「これだと（相手の発話が）聞こえんちゃなかと？（聞こえ

ないのではないかな?)」という声があちこちから聞こえます。学生がふと漏らす小さなつぶやきは、専門知識の敷衍(ふえん)に役立ちます。この場合なら、エドワード・ホールによる「ハイ・コンテクスト」の概念(ホール,1983)を紹介し、生活のコンテクストを共有することと意思疎通の関連について説明することができます。また、話しながら(相手の話を)聞くことはできない認知的な制約とともに、「礼儀」を重んじる文化的制約という、発話重複をめぐる二つの回避機制を説明します。

講義ではときどき学生に即興的に質問して、学生と教員の会話を成立させます。自分たちが参与している「講義」もまた、コミュニケーション研究が明らかにしてきた、特定の(一方的な)語りの特徴を備えた社会空間であることを実感してもらうためです。たとえば、朝食や目覚めをトピックに簡単な会話を交

表3-1 シラバス

授業科目	コミュニケーションの比較文化
対象学生	教育学部・経済学部・水産学部・薬学部初年次生 約90名
到達目標	①アフリカで実施されてきた人類学的なフィールドワークの方法を具体的に想像することができる。 ②「平等主義」,「同調」などの人類学研究を嚮導してきた鍵概念を使い、各社会におけるコミュニケーションの特徴と意味を説明できるようになる。 ③言語的/非言語的コミュニケーションと世界観の多様なあり方を理解し、自分がその一部である「ホーム」の社会的態様を、「ひとつの特殊な仕方でのあり方」として距離化する、想像力の振幅を獲得する。 ④生業形態の違いを踏まえてアフリカの狩猟採集民、農耕民、牧畜民の社会の成り立ちについて簡潔に説明することができるようになる。また、他者や自然と共存する社会の実現に向けて能動的に考え、実践できる姿勢を身につける。
アクティブ・ラーニングの方法	①文献読解,映像・音声鑑賞 ②ディスカッション ③小レポート・発表原稿の作成 ④プレゼンテーション ⑤民族誌的トランスクリプト(転記)を用いた会話実演
学習評価の方法	①小レポート　10点 ②プレゼンテーション　10点 ③試験　10点

わすことで、質問 - 応答における発話ターンの交代のメカニズムを具体的に解説できます。また、宛てられた学生と教員が会話を交わしている途中、教員が沈黙したり、学生のターンに「割り込んで」教員が喋ることで（同時）発話を作り出したりして、ターン・テイキングの概念や沈黙の意味に関する説明を肉付けします。

　学習評価は、小レポートとプレゼンテーション、期末における論述形式での試験にもとづいて行います。グループワークによる成果をプレゼンテーションする場合には、学生は自分が所属する以外のすべての班による発表内容について、その論理性とオリジナリティをそれぞれ5段階で評価します（授業の流れと成績評価の詳細は、それぞれ表3-2と表3-3を参照してください）。

表3-2　授業の進行

〈Ⅰ　導入〉

回	日付	学習内容	目標	授業方法	予復習課題
1	9/30	「生態人類学」「インターラクション・スクール」	①④	レクチャーワーク	予）「コミュニケーションの比較文化」とは：シラバスより
					復）De-familiarization of Self をめぐる英文読み

〈Ⅱ　コミュニケーションの身体モデル〉

回	日付	学習内容	目標	授業方法	予復習課題
2	10/7	「コミュニケーションとしての音楽」	②	レクチャー動画視聴ディスカッション	予）パワーポイント資料「狩猟採集民、牧畜民、農耕民の居住域における生態環境と生業の多様性」
					復）自己の音楽観の変容を探る
3	10/14	「会話の格率の普遍性」「身体の言語モデル」	③	レクチャー体験セッションディスカッション	予）今村薫『砂漠に生きる女たち―カラハリ狩猟採集民の日常と儀礼―』どうぶつ社 2010年 (pp.74-85)
					復）
4	10/21	「ターンテイキング」「語りの共演」	②③	レクチャー体験セッションディスカッション	予）木村大治 1994「バカ・ピグミーの発話重複と長い沈黙」『アフリカ研究』46: 1-20.
					復）

回	日付	学習内容	目標	授業方法	予復習課題
5	10/28	「関連性」「身ぶり」「会話世界への没入」	②③	レクチャー 体験セッション ディスカッション	予）菅原和孝『ブッシュマンとして生きる―原野で考えることばと身体―』中公新書 2004年（pp.109-114） 復）

〈Ⅲ　非言語コミュニケーション〉

回	日付	学習内容	目標	授業方法	予復習課題
6	11/4	「言語」「表情」「表象の文化固有性」	②	レクチャー グループワーク	予）ポール・エックマン 1981「身振りの三つのタイプ」『ノンバーバル・コミュニケーション』大修館書店　W. フォン・ラフラー＝エンゲル編著 復）culture-specific signals が存在する理由を考察
7	11/11	「共在感覚」「挨拶」	①②	レクチャー グループワーク	予） 復）伊谷純一郎『伊谷純一郎著作集 5 遊牧社会の自然誌』平凡社 2009年（pp.84-94）
8	11/18	予習課題の確認 「声と人称の拡散空間」	①②	グループワーク プレゼンテーション ミニレクチャー	予）身近な「共在感覚」の観察 復）
9	11/25	「ポリフォニー」「コミュニタス」「身体の人類学」「プロクセミクス」	①②	レクチャー 音楽鑑賞 ディスカッション	予） 復）日常生活におけるプロクセミクスの観察

〈Ⅳ　オーラリティ〉

回	日付	学習内容	目標	授業方法	予復習課題
10	12/2	「声の文化と文字の文化」「複雑な思考」への導入	②③	レクチャー ワーク	予）波佐間逸博 2012「オコト・ビテック『ラウィノの歌』を読む」『ウガンダを知るための 53章』明石書店 pp.266-268 復）
11	12/9	「ゲシュタルト」「反転図式」	②	レクチャー 音楽鑑賞 ワーク	予） 復）牧歌の詩を読む
12	12/16	「結婚」「合意形成のプロセス」「メタ・メッセージ」	③	ミニレクチャー ビデオ視聴	予）パワーポイント資料「東アフリカ牧畜社会における婚資」 復）婚資交渉の振り返り
13	1/6	「認識と文化」「身体化された思考」	③④	レクチャー ディスカッション グループワーク	予）家畜と牧畜民の共生関係に関する動画視聴 復）

〈Ⅴ　まとめと振り返り〉

回	日付	学習内容	目標	授業方法	予復習課題
14	1/13	「共感」「戦争」	④	レクチャー	予）Condon, William S., and Louis W. Sander. 1974 "Neonate movement is synchronized with adult speech: Interactional participation and language acquisition." *Science* 183.4120: 99-101. 復）パワーポイント資料「東アフリカ牧畜社会における『他者』との共生」
15	1/20	総合討論	①〜④	グループワーク プレゼンテーション	予）自己のコミュニケーション観とその変化を探る

表3-3　授業の評価

評価対象	目標	実施方法	配点と評価観点
小レポート	授業回による	LMSでフォームをダウンロードし、項目に従って記入の上、提出する。	4段階評価。10点満点。提出がない場合は0点。
プレゼンテーション	授業回による	発表形式は自由、ホワイトボードに概念図を描くこともOK。	論理性と独自性を評価。各5点満点。学生全員による採点を平均する。
試験	受講生の問題関心による	講義の中で最も印象に残ったトピックを取り上げ、なぜ印象に残ったかという理由、そのトピックに関連して抱いた疑問点、その疑問に対する現時点での自分なりに用意しえている解答について、A4×2枚程度で記述する。	10点満点。書式や評価観点別の配点など詳細は別途指示。（疑問点の掘り下げは、これまでの配布資料の再読、作成したメモ・提出物の読み返しをつうじて行ってください。特に新たに別資料を参照する必要はありません。それに対する解答の作成は、授業で紹介した文献を参照して対応してください。）

● 3-2　授業の実際と評価

　この授業では、学生が自分のオリジナルな思考を書き綴るという行為を重視しているので、ワークの中でも、実際に手を動かして書くという作業をできる限り盛り込むようにしています。自分が書いた文章を別の人に読んでもらい、コメントを受け取り、文章で伝えることの難しさと楽しさを感じとることは、アクティブ・ラーニングの狙いの一つです。これまでに実施した、文章を書かせるワークを含んだラーニング・プロセスの事例を以下に示します。

【ワークの事例①：グループ・ディスカッションとプレゼンテーション】

　オーラリティの単元ではまず講義形式で，旧ザイールの農耕民ボンガンドにおける，相手を特定しない大声の発話形態，自己‐焦点個体法によるタイム・アロケーション（個人の具体的な生活を量的側面から把握するための生態人類学の方法の一つで，時報機能がついた腕時計を渡して，日中の活動帯に1時間毎にアラームが鳴ったときに，どこで，誰と，何をしているのか簡単にメモを残しておいてもらうもの），挨拶空間に関する民族誌的データを紹介したうえで，共在感覚（Sense of Co-presence）の概念を解説しました（木村，2003）。そのあと6人を1グループとし，40分間議論の時間をもちました。課題は，民族誌的事実の共有を図りながら，学生自身の共在感覚とボンガンドのそれをくらべて，異なっている点と似ている点を具体例にもとづいて整理し，そして，コミュニケーションと共在感覚の関係について自分たちなりに考察することです。議論の結果は，レポート用紙に発表原稿としてまとめ，別のグループ全体に対して3分間で口頭発表しました。

　開始直後は互いに初対面である緊張感からか，話し声はほとんど聞かれませんでしたが，やがて机を自分たちで動かして「島」をつくりはじめました。そこで，まず全員で簡単な自己紹介をしてから議論をするよう促しました。自己紹介の後の，課題への取り組みでは，多くは，配布したプリント資料を全体で眺める時間と議論を交わす時間とに分けており，理解の共有を基盤にした全体での議論というものを重視している様子が見て取れました。発表者の人数制限，発表原稿として準備すべき分量について学生から質問がなされ，制限時間を使って議論の内容をよりよく伝えることが目的であるため，発表者の人数制限はないこと，教養教育で配布されるレポート用紙の記述欄に大きな文字で記すとだいたい1000字前後となり，通常，日本語でゆっくり発表すると300字1分程度の計算になることを伝えました。

　ほとんどのグループは制限時間より早くに原稿ができあがっており，余った時間で口頭発表の練習をしていました。議論に入りきれない留学生に，ゆったりとしたわかりやすい日本語で発表できているかチェックする役割を割り振ったグループもありました。口頭発表の一例を以下に示します。

口頭発表の例

わたしたち日本人とボンガンドの人びととの共在感覚において異なっている点は，「一緒にいる」と感じる距離の違いにあります。ボンガンドの人びとは，日本人よりコミュニケーションが成り立つ距離の範囲が広く，遠くの家の人とでも会話をすることが可能です。そして声さえ届けば，ボンガンドの人びとは「一緒にいる」とみなすことができます。

また，人びとにとっては「一緒にいる」ことと「空間的に近接している」ことがほとんどおなじ意味のように用いられています。ボンガンドの男性がロソンボ（男性が集まる小屋）に集まって話している間，少し離れたところにいた老婆も「一緒にいた人」として数えられていたということからもわかるように，たとえ会話がなかったとしても，声の届く距離に相手がいれば，それは「一緒にいた」とみなされる，ということも日本との違いの一つです。

似ている点は，近くにいる人びとには，あまり挨拶をせず，遠くから来た人にだけ挨拶をするということです。日本でも，もともとおなじ輪の中に「一緒にいた」人が少し近くに移動してきたからといっていちいち挨拶をすることはありません。ボンガンドの場合は輪の範囲が日本よりさらに広く，近くに住んでいる人も「一緒にいる人」として取り扱うという違いはありますが，その対応の仕方は似ています。

また日本にもボンガンドと似た発話形式があります。それは街頭演説です。なぜなら，聞く人と通り過ぎる人ははっきりと分かれているからです。言葉を発信すること自体に重点が置かれているということです。

わたしたちは誰かとコミュニケーションをとっているとき，その相手と「一緒にいる」と表現します。「一緒にいる」というのはただ空間的にそばにいるというだけではなく，その相手とコミュニケーションをとっているということが重要になってきます。たとえば，同じ部屋の中にいる二人がそれぞれ別の相手と話していたとして，その二人は相手を「一緒にいる人」というようには思わないでしょう。また道で誰かと近距離ですれ違ったとしても，その人と「一緒にいる」ことにはなりません。共在感覚が生まれるためには，そばにいてかつコミュニケーションをとっていることが必要です。

言語，非言語コミュニケーションのいずれによっても，相手の存在が意識されるのであれば「一緒にいる」ことになります。つまり，「一緒にいる」ことには物理的な距離ではなく，内的な距離が重要です。ただ近くにいるだけではなく，コミュニケーションをとおしてお互いがつながっていると感じるとき，二人は「一緒にいる」と言えるのです。

口頭発表では，かならずしも著者である木村大治による論述と一致した見解が示されていたわけではありません（たとえば「共在感覚がコミュニケーションの前提となっているのか，それともその逆なのか」という点に関してなど）が，学生による評価は，木村の論述に関する噛み砕いた説明と，具体例をバランスよく盛り込んだ発表に高い点をつける傾向がみられました。なかでも，無料対話アプリ

のLINE（ライン）やマイクロ・メッセージ発信Webサービスのツイッターを使ったつながり方との比較を試みた発表は，相対的に高い評価を得ていました。

【ワークの事例②：グループによる翻訳と文章表現】

　非言語コミュニケーションの単元では，非言語の発声がイギリス人とナミビアのヒンバ人のあいだで伝達するかどうかを検証した実験を解説したあと，その論文のアブストラクトをグループで翻訳しました。次に，重要な発見として著者たちが強調している事実（否定的な感情を表現する発声は，肯定的な感情表現とは異なり，文化を超えても，その意味が了解されやすいこと）について，それが生じる理由を授業時間内にメモしました。その後，小レポートを作成してLMS上で提出しました。

　使用した資料は，ザウターたちが発表した「非言語的音声による感情表現を通じての，基本的感情に関する通文化の認識」という論文です（Sauter et al., 2010）。実験の方法は，テストの被験者に「とても近い親族の一人が死んでしまった」といった短いストーリーを聞いてもらい，そのあとで，その感情を適切に表す発声と，適切ではない発声の二つ（これらは事前に準備してあります）のうち，どちらがその登場人物の感情に合っている声なのかを示してもらうというものです。

　アブストラクトは以下のようなものでした。

　感情に関する合図は，たとえば人間に危険を知らせるなど，重要な情報を同種の者と共有するうえで重要である。人はどのように感じているかを他者に伝達するために，表情や声，身ぶりなどの合図を含むさまざまな異なるキューを使う。わたしたちは悲鳴や笑い声，などの非言語の感情的発声に関わる認識について，2つの，劇的に異なる文化集団を横断するかたちで調べた。西洋人の参加者と，辺境にある文化的に孤立したナミビアの村落の出身者を比較したのである。いわゆる「基本的な感情」（怒り，嫌悪，恐怖，喜び，悲しみ，驚き）を伝達する発声は双方向的に認識されていた。対照的に，あるひとまとまりの別の感情は文化的境界を横切らない形で，その内部でのみ認識されていた。わたしたちの発見は，<u>本来的に否定的な感情の多くには文化を</u>

> またいで認識できる発声を備えているのに対して，ほとんどの肯定的な感情は文化に特有な合図を使って伝達されるということを示唆している。〔波線部は波佐間による。「このようなことが生じる理由を自分なりに推測し，記述すること」と指示を出しました〕

　記憶が薄れないうちに取り組む方がよいだろうという判断から，提出の締め切りは翌日に設定しましたが，学生が記述した小レポートは印象深いものでした。
　たとえば，「怒り・嫌悪・恐怖・警戒・驚きといった心理を引き起こす状況では，自己を守るという意識や防衛本能があるから，迅速な意思伝達が発達する」「あまり好まれない感情を表現するために，さまざまな声を作り出すとは考えにくい。声で表現するときは，その発声はパターン化されている。表現の種類の数が限られているので，相手に伝わりやすい」という，素材とした論文（「世界的に権威ある」と評される学術雑誌に掲載された論文です）の中で示された討論内容と遜色のない分析が示されたほか，「喜び・楽しさ・うれしさ・心地よさなどの表現の多くは，生命維持ではなく，他者とのかかわりを深めるための手段として働いている。コミュニティ内における自己表現・他者理解のための民族特有の感情表現であるならば，他の集団に理解される必要はない」「集団間の紛争は否定的な感情が暴力へ発展することで始まる。否定的な感情を理解することですみわけが可能となり，戦争を回避することができる」といった，論文著者より抽象度の高い分析思考が記されていました。
　これらはごく一部の例であり，ほかはそのエッセンスを含んだ断片的表現でした。採点とコメントを返却した授業回では，読み取りと解釈の方向性は科学的に適切でオリジナリティがあると講評しました。

【ワークの事例③：アフリカ音楽の鑑賞と小レポート作成，そしてフィードバックとしての講義】
　ザンビアのリバンナの民における説話と歌のパフォーマンス，カメルーンの狩猟民における水太鼓（以上は，坂本龍一監修, 2012『commmons: schola vol.11 Kenichi Tsukada & Ryuichi Sakamoto Selections: Traditional Music in Africa』の中に

収録されている音源を使用），中央アフリカの狩猟民アカにおけるポリフォニー（YouTube の動画を使用），ウガンダの牧畜民における牧歌の独唱（わたしが録音したデータ）といったアフリカの伝統音楽を流し，そのうち1曲を選び，曲の感想を自由に述べてもらいました。その際，小レポート作成の補助線として，アフリカの音楽についてもっていたイメージが自分の中でどのように変化したかに注目して書いたり，印象深いパートを細かく描写したりすると，書きやすいかもしれませんと助言しました（講義でわたしが話したことと類似した印象を感じた場合でも，その表現は自分なりに言い直すように，つまり，自分の言葉で表現するようにと付け加えました）。

アフリカの伝統音楽に接した学生の内的な世界は，たとえば以下のように表現されていました。

> 水太鼓について…一見，無造作に水面を叩くリズムは，お互いの身体の動きや音を細かいところまで感じ取って，少しずつ合わせたり，ずらしていることでメロディーになっている。少しのメロディーの変化や周りの音を捉える力がないと，このようなまとまりのある神秘的な音楽は生まれないだろう。
> 　川の水面と身体の接触という自然の力と自分たちの持つ音を感じ取る力だけを頼りとして奏でる姿はとても心に残る。自然の中に音楽を見つけ，楽譜も何もない状況でも，周りとのメロディーを感じ合い，音を重ねて楽しむ姿は，自然との共生，周りの人びととの心の通じ合いが一つの音楽になることを教えてくれる音楽の真の姿であるように思う。
> 　ポリフォニーについて…わたしがこの音楽から受けたのは，ゆったりとした，でも動物たちや生き物の気配が濃厚な昼間の森の中にいるような感覚です。それぞれの声が気ままに，歌という感じではなくただ音を紡いでいる，そのような音楽だからこそこのような印象を受けたのだと思います。

この課題では「なぜこのような意味をもたない発声を反復して他者の声と重ね合わせるところに喜びが見い出せるのだろうか。日本の楽曲に親しんだわたしには理解が難しく感じられる」といった疑問が，小レポート8本の中で示されていました。小レポートの評価とコメントを返した週の授業で，コンゴの狩

猟民エフェにおけるフィールドワークの成果（澤田, 1988；1989；1991；1996；Sawada, 1990）にもとづいた講義（25分間）を通じて，濃厚な合唱という興奮相では声の重なり合いと輪舞する身体を介して自他未分化なコミュニタスが実現されるとともに，まさにその時点で「作曲者」でもある森の神秘的な存在（死者，祖先）と疎通することが大きな楽しみとなっていると応答しました。

　この授業は，第二単元である非言語コミュニケーションの4回目にあたる「まとめと質疑応答」の回の中で行いました。授業の残り時間が20分弱となったところで，質疑応答の時間を設けたのですが，授業後，ある学生がやってきて「質疑応答ではなくて，学生からのコメントや議論の時間を取って欲しかった」と言いました。どんなことを話したかったのか尋ねると，彼女は言葉を選びながらゆっくりと話してくれました。それらを短くまとめると，「おもしろいとか楽しいとかいう表現には，『一方的な享受』とは別の意味があることに気づいた。神秘的なことは特別な力が必要と普通は思う。小さな行為の積み重なりが死者や祖先との出会いに連なるという指摘は驚きだった」というものです。

　「一方的な享受（direct, one-sided means of enjoyment）」ということばは，過去の授業，つまり，初回における人類学とエスノグラフィーへの導入と英文和訳の課題の中で「止揚された所有」と対立するものとして紹介した概念です。この概念の記憶と「おもしろいと感じること」の結びつきを見い出そうとしているわけです。後にわかったことですが，この学生は「ポリフォニーの楽しさのありか」の問いをレポートの中で綴っていた一人でした。このように授業の実際（＝学生とのやりとり）は，次回以降の授業の設計とラーニング・プロセスにダイナミックな作用を及ぼすことがあります。

4　授業化のためのヒント

● 学習効果を高めるためのポイント提言

[1]　学習管理システム（LMS）を活用する

　講義は主に，プロジェクターで教室の前面と側面にあるスクリーンと白板に投射したパソコン上の画面（パワーポイントが中心です）を説明する形で進めます。学生は手持ちのパソコンやタブレットから，大学のLMSにアクセスする

ことで，こちらで事前にアップロードしておいた授業の資料（前述した「投射されるパソコン上の画面」とほとんどおなじものです）をダウンロードして参照したり，書き込んだりできます。

　ワークグループのメンバーの顔ぶれは毎回，ランダムに変化します（LMSの班分け機能を利用します）。パソコンの画面は，しばしば画面を教室内で投射した状態でYouTubeにアクセスして，中央アフリカ共和国の狩猟民の声楽やウガンダの牧畜民の色彩認識と記憶に関する動画を流したり，ケニアの牧畜民の結婚式をDVDで再生したりするという使い方をします。LMSで読める授業資料には，動画のURLを掲載し，教室外で動画を再確認できます。授業内容が多く，時間の余裕がないと予想される場合など，必要に応じて講義原稿を準備することもありますが，パワーポイント資料は，文章ではなくキーワードでの表現を中心にして，出席している学生の感覚が目ではなく耳に集中するようにします。

[2] レポートにはコメントと評価を付けて返却する
　小レポートは，その紙に点数とコメントを手書きして返却します。LMSで提出された課題には，コメント欄に文言を打ち込みます。レポート用紙1枚につき平均30分程度をかけ，点数とのバランスなども考えながらコメント・評価を作成します。他者の生きざまの記憶を手がかりに，日常生活を多面的に観察し，落ち着いて考えを深める態度を育てることを意識すると，具体的に個人の「顔」が想像され，「評価」作業ははかどります。LMSは毎日決まった時間にチェックするように，スマートフォンのアラーム機能を活用します。

　評価は，論理性とオリジナリティを観点においた簡単なルーブリックを参照して点数化します。論理性は，異種間コミュニケーション，ターン・テイキング，ダブル・バインド，エントレインメント，ファティーク・コミュニオン，メタ・コミュニケーション，関連性，共在感覚といった授業で紹介した概念を，自分なりに噛み砕いて身近な経験などを使って，しっくり説明できているかという点から評価します。一方，オリジナリティは，論理的な一貫性や文章表現の巧みさへのこだわりはほどほどに留めて，意表を突く現実世界の事例を使って自由に自分の解釈を述べてみたり，逆に日常にありふれたことであると一般

には流されていることに自分はどうも引っ掛かっているといったことについて思うままに書き込んでいるかどうかを見極めます。

[3] 教員間で協働する

共通の授業テーマで結びつく教員会議をつうじての共有された再帰性は，授業実践の共同の反復的な評価のアリーナとなるし，授業によるインパクトの検討の拠点になります。たとえば，「授業で取り上げる個別事例の意味を，研究動向の今日的な展開において示す」というベーシックな取り組みに対して，教育情報学の研究分野の教員から，「学問の自由と体系的理解を尊重する態度という点で「学士力」と関連する」と教養教育政策の脈絡での意味が付与され，そうした見地からの評価の掘り下げが試みられました。教育心理学，教育方法論を専門にしつつ他領域にも研究関心をもつ教員が，ミーティングでの中心的な役割を担うとともに，各授業担当者が自分の専門領域と教育学との接点を探っておくと，「教育」をめぐる学際的で双方向的な議論が可能になるでしょう。たとえば，人類学への架橋として，パウロ・フレイレ（Freire, 1970）やイヴァン・イリイチ（Illich, 1971）によるクリティカル・ペダゴジー（Critical Pedagogy）などは基本的なリソースです。

□ キーワード解説 □

①ファティーク・コミュニオン（phatic communion）

イギリスの社会人類学者マリノフスキーが使用した概念であり，しばしば「交感的言語使用」と訳されます（Malinowski, 1923）。言語的なメッセージを伝達するというよりも，ことばのやりとりという行為それ自体によって，「わたしたちは一体である」という紐帯が創り出されることに注目した概念です。たとえば，殊更に口に出さなくてもまったく問題はないのに，互いにわざわざことばにし合う挨拶（「今日はとてもいい天気ですね」）など。

②コミュニケーションとしての身体

コミュニケーションと身体の関係性を刷新する概念として，菅原和孝が編著『コミュニケーションとしての身体』（菅原・野村, 1996）の中で打ち出しました。それまでのコミュニケーション論においては，「身体の言語モデル」を下敷きにした研究が圧倒的多数を占め，身体からサインを読み取ることこそ，コミュニケーションの重要なプロセスと見られてきました。これに対して，「コミュニケーションとしての身体」の考え方は，人間のアイデンティティの核には身体相互間の絶えざるコミュニケーションがある，という理解にもとづきます。「コミュニケーションとしての身体」論においては，身体が言語メッセージの発射される土台であるだけではなく，むしろ，肉感的な交感をもたらす言語の性質が注目され，「わたしとあなたは，身体をもってこの世界をともに生きる」という場の創出が考察の中心をなしています。

③声の文化と文字の文化

1982年に出版されたウォルター・J. オングの著書の主題であり，ことばがもっぱら音声言語（「声」）である世界（「声の文化」）と，書記言語（「文字」）の使用者の世界（「文字の文化」）とでは，思考方法に大きな差異が見られるとする二分法です（オング, 1991）。文字の文化においては，状況から独立した話，人と人の直接的な関係から切断された話が可能になり，モノの分類の際に「材料」や「道具」といったカテゴリーごとに分ける思考方法や，正義などの普遍的な概念が発達するとされます。それに対して声の文化においては，ことばは発されたその場から消え去ってゆくという前提のもとに組み立てられます。口頭伝承（口頭文学）は，韻律や決まり文句，繰り返しによって特徴づけられ，また，声の文化の人びとは分析的で複雑な思考方法には興味を持たないとされます。

■ リソース紹介 ■

①太田　至（2004）．トゥルカナ社会における婚資の交渉　田中二郎・佐藤俊・菅原和孝・太田至［編］遊動民（ノマッド）―アフリカに生きる　昭和堂, pp.363-392.

●婚資とは，結婚に際して新郎側から新婦側に支払われる財であり，東アフリカ牧畜社会では家畜が支払われます。この論文の舞台であるトゥルカナにおいて婚資の家畜の頭数は交渉を通じて決定されます。論文の白眉は，13人のトゥルカナたちが2日間にわたる団交の場でかわした6時間の発話記録の分析です。交渉においてトゥルカナの人びとは自己の要求を突き付けることを躊躇わず，沈黙や安易な妥協が選びとられることは，まったくありません。両者の関係に不和がもたらされるのではないかと感じるほどに交渉が熾烈なものになったとき，「要求」と「拒否」をともにそれぞれの自然なものとしてよしとする感覚と，このような感覚を相互に共有するという信頼によって頭数に関する合意の道が開かれます。ここで取り扱われている婚資の交渉は，Ohta, I. (2007). Bridewealth Negotiations among the Turkana in Northwestern Kenya. *African Study Monographs*. Supplementary Issue 37: 3-26. を参照すると，より詳細を知ることができます。この論文は，http://repository.kulib.kyoto-u.ac.jp/dspace/bitstream/2433/68501/1/ASM_S_37_3.pdf よりダウンロードできます。

②木村大治（2003）．共在感覚―アフリカの二つの社会における言語的相互行為から　京都大学学術出版会

●旧ザイールの熱帯雨林に住む焼畑農耕民ボンガンドとカメルーンの狩猟採集民バカにおける相互行為に関する民族誌記載が第Ⅰ部を構成します。ボンガンド社会における聞く義務が伴わない，大声でなされる相手を特定しない発話形式ボナンゴと，バカ社会における会話参与者たちの発話と沈黙が盛んに同調する指向性の不分明な会話のあり方から，発話が包む空間の境界が伸縮自在であるようなあり方の会話場，すなわち「拡散的会話場」という概念が取り出されています。理論的な考察がなされている第Ⅱ部では，声の広がる領域の人びとが一緒にいる感覚を強化し，呼びかけに対する「待ち受け」の身構えを共有することが可能となることを出発点として，コミュニケーションを，互いが互いの状況を予期している状態（「相互予期」）の中で，予期の先行きが不確定な状態に晒されながらも，お互いの行為と予期をすり合わせるプロセスとして分析しています。

③坂本龍一［監修］（2012）．commmons: schola vol.11 Kenichi Tsukada & Ryuichi Sakamoto Selections: Traditional Music in Africa commmons.

●アフリカ大陸における伝統音楽を音源として収めたCDと解説文，座談会の記録。ザンビアで収録された説話「卵と結婚した男」（解説：塚田健一），カメルーン・バカにおける多声音楽「Yeli」および「水太鼓」（解説はいずれも分藤大翼），エチオピアにおける「ラリベロッチ」（解説：川瀬慈）などをとおして，歌われるたびに歌い手たちにより生命を吹き込まれるアフリカの伝統音楽の現代性，歌の場に身をおくことと音楽を楽しむことが一体となっている一回性・再現不可能性，音楽を聞くことと演じることが未分化である参加性といったように，「コミュニケーションとしての音楽」という，音楽のもうひとつのあり方について気づくことができます。

④谷　泰［編］（1997）．コミュニケーションの自然誌　新曜社
- 会話というコミュニケーションの世界に人はどのように関わっているのか，人類学，社会学，言語学，哲学，霊長類学が協働して，発話を伴う日常的でミクロな社会的相互行為に分け入り，スペルベル＆ウィルソンの関連性理論とシャノンの情報伝達理論を批判的に乗り越える記述・分析の視点と枠組みを打ち出しています。会話分析の重要概念を使って会話の共同性に照射している串田による2本の論文「会話のトピックはいかにつくられていくか」「ユニゾンにおける伝達と交感─会話における「著作権」の記述をめざして」，民族誌データにもとづいてコミュニケーションから脱け出すことによる自由な遊隙の創出に着目した木村論文「相互行為における「打ち切り」のストラテジー」，カラハリ狩猟民サンの発話における自己中心的な連関性の追求という現象から関連性理論を乗り越える視点を打ち出している菅原論文「会話における連関性の分岐─民族誌と相互行為理論のはざまで」などが収められています。

⑤波佐間逸博（2015）．東アフリカ牧畜社会における擬人化／擬獣化　木村大治［編］動物と出会うⅡ─心と社会の生成　ナカニシヤ出版，pp.3-26.
- 北東ウガンダに暮らす東ナイル系牧畜民カリモジョンとドドスにおける異種間コミュニケーションに注目した論文で，家畜に対する名前の呼びかけや音声シグナルを介したコミュニケーションの成り立ちを明らかにしています。人と家畜が自分とおなじ種の個体とみなす擬人化／擬獣化のモジュールが働きながら，家畜個体は共鳴する他者として牧畜民に対していると論じています。なお，この論文の中では，牧童が家畜を織り込んだ牧歌を自分の「持ち歌」として作曲し，家畜に歌いかけることに触れています。この牧歌の分析および人間─家畜のコミュニケーションの詳細は，波佐間逸博（2015）『牧畜世界の共生論理─カリモジョンとドドスの民族誌』京都大学学術出版会を参照してください。

【引用・参考文献】

Freire, P.（1970）．*Pedagogy of the oppressed*. New York: Vintage.

Hendry, J.（2013）. Mutual benefits: Schools and anthropology. *Teaching Anthropology* **3**（1），78-82.

Illich, I.（1971）．*Deschooling society*. London: Calder and Boyars.

Lassiter, L. E., & Campbell, E.（2010）. Serious fieldwork: On re-functioning ethnographic pedagogies. *Anthropology News*, **51**(6), 4-8.

Malinowski, B.（1923）. The problem of meaning in primitive languages. In C. K. Ogden & I. A. Richards（eds.），*The meaning of meaning*. London: Routledge & Kegan Paul, pp.146-152.

Nordstrom, C.（1995）. War on the front lines. In C. Nordstrom & A. Robben（eds.），*Fieldwork under fire: Contemporary studies of violence and survival*. Berkeley: University of California Press, pp.129-153.

Ohta, I.（2007）. Bridewealth negotiations among the Turkana in northwestern Kenya. *African Study Monographs. Supplementary Issue*, **37**, 3-26.

Sauter, D. A., Eisner, F., Ekman, P., & Scott, S. K.（2010）. Cross-cultural recognition of basic emotions through nonverbal emotional vocalizations. *Proceedings of the National Academy of Sciences*, **107**(6), 2408-2412.

Sawada, M. (1990). Two patterns of chorus among the Efe: Forest hunter gatherers in northeastern Zaire. *African Study Monographs*, **10**(4), 159-195.

太田　至（2004）．トゥルカナ社会における婚資の交渉　田中二郎・佐藤　俊・菅原和孝・太田　至［編］　遊動民（ノマッド）―アフリカに生きる　昭和堂，pp.363-392.

オング, W ／桜井直文・林　正寛・糟谷啓介［訳］（1991）．声の文化と文字の文化　藤原書店（Ong, W. J. (1982). *Orality and literacy: The technologizing of the word.* London: Methuen.）

木村大治（2003）．共在感覚―アフリカの二つの社会における言語的相互行為から　京都大学学術出版会

クリフォード, J.・マーカス, G. E. ／春日直樹他［訳］（1996）．文化を書く　紀伊国屋書店（Clifford, J., & Marcus, G. E. (eds.) (1986). *Writing culture: The poetics and politics of ethnography.* Berkeley: University of California Press.）

サイード, E. ／今沢紀子［訳］（1993）．オリエンタリズム 上／下　平凡社（Said, E. (1978). *Orientalism.* New York: Pantheon.）

坂本龍一［監修］（2012）． commmons: schola vol.11 Kenichi Tsukada & Ryuichi Sakamoto Selections: Traditional Music in Africa commmons.

澤田昌人（1988）．エフェ・ピグミーの夕刻の会話の社会的な意味―音声研究の展望と問題点　季刊人類学, **19**(1), 49-59.

澤田昌人（1989）．夢にみた歌―エフェ・ピグミーにおける超自然的存在と歌　民族藝術, **5**, 76-84.

澤田昌人（1991）．エフェ・ピグミーの合唱におけるクライマックスへのプロセス　藤井知昭・山田陽一［編］民族音楽叢書7　環境と音楽　東京書籍, pp.135-168.

澤田昌人（1996）．音声コミュニケーションがつくる二つの世界　菅原和孝・野村雅一［編］叢書・身体と文化（2）コミュニケーションとしての身体　大修館書店, pp.222-245.

新村　出［編］（2008）．広辞苑　第六版　岩波書店

菅原和孝・野村雅一［編］（1996）．叢書・身体と文化（2）コミュニケーションとしての身体　大修館書店

谷　泰［編］（1997）．コミュニケーションの自然誌　新曜社.

波佐間逸博（2015a）．東アフリカ牧畜社会における擬人化／擬獣化　木村大治［編］動物と出会うⅡ―心と社会の生成　ナカニシヤ出版, pp.3-26.

波佐間逸博（2015b）．牧畜世界の共生論理―カリモジョンとドドスの民族誌　京都大学学術出版会

ホール, E. ／宇波　彰［訳］（1983）．文化としての時間　TBSブリタニカ（Hall, E. T. (1983). *The dance of life: The other dimension of time.* New York: Anchor Press.）

松田素二（2009）．日常人類学宣言―生活世界の深層へ／から　世界思想社

第Ⅱ部
体験に学ぶ

第4章
身体体験という土壌
自身とのかかわりから他者とのかかわりへ

山地弘起

1 メッセージ・テキスト

● 1-1 コミュニケーションにおける身体現象への着目

　今日のような高度情報化社会では，常時更新される情報をすばやく収集・消化し，効果的に活用・発信しなければならないという圧力が常にかかっています。そのため，意識的努力を尽くして効率的な分析・判断・表現を行うことが「生きる力」の根幹とみなされ，コミュニケーション力もまた，言葉や各種メディアでの明示的な情報交換の巧拙として扱われる傾向にあります。

　しかし，生きる力やコミュニケーション力は，より原初的なものに支えられています。たとえば，言葉にしても，ある状況で発せられた声・言葉がどのようにそう選ばれたのかということは，内省してもよくわからないことが多いものです。また，ある程度集中が深まると，言葉の方から語りだし，しゃべった後に自分で振り返って表現の的確さに驚かされる，といったことも起こります。これらは，言語表現において意識下で状況に応じた精妙な調整がなされているということを示唆します。表現された言葉を理解するときにも，その文字通りの意味以上に，相手の息遣いや声のトーン，表情やジェスチャーなどから受け取る内容が多いものです。メールのやりとりでも，顔文字やさまざまな記号による意味の方向づけが大きな役割をもつゆえんです。

　一般に対人関係では，意図的なコミュニケーションの背景で，身体現象を介したやりとりが生じています。ある臨床家は次のように述べます。

> 身体は嘘をつかない。何らかの不自然な姿勢で本当の感情を押し隠そうとした場合でも，当人の身体は生み出される緊張状態の中でその姿勢を裏切る。自分自身の身体を完全に統御できる者はいない。（中略）実際，われわれはみ

> な，身体的表現に照らして他者に反応する。絶えず，われわれは身体によって互いに評価しあい，相手の強さや弱さ，生気や生気のなさ，年齢，セックス・アピールといったものを素早く判断する。その人の身体的表現によって，その人を信頼できるかどうか，どんな気分か，人生に対するその人の基本的姿勢はどんなものかといったことをしばしば決定する。(ローエン，1994：110-111)

意識下で起こっている身体表現に知らず識らずに反応しあっているということは，我々が生きた身体として共鳴しあっており，明示的な言葉のやりとりだけで理解しあっているのではないということを示しています。もっとも，言葉の意味内容に注意を集中させると，身体からの信号に気づきにくくなります。これは，たとえば外国語でのコミュニケーション場面において，未だその言語が十分使えない状況では相手の全身からの情報に関心を向け自分も全身で意思疎通を図りますが，言語がある程度自由に使えるようになると言語的な意味の交流に注意を狭めがちになることとも対応します。そうした状況でも，もし身体現象を自覚的に受け取ることができれば，相手の発しているメッセージをさらに深く了解することができるはずです。

身体現象への感受性の重要性は，たとえば次の引用に指摘されています。ここでは，しゃっくりと悪心に苦しむ心身症者の例が考察されています。

> ひとは，意識的，精神的自己が沈黙している場合でも，いなむしろ無自覚なままにいるときにかえって，あざやかにからだのことばでもって語る存在なのである。このような「からだのことば」をいま，身体言語と呼んでおこう。(中略)するとたしかなことは，「かの女」は，食欲不振やしゃっくりや悪心によって，食物を口のなかにとりいれ，のみこみ，あるいはこなすことが困難であったという事象である。食物とは，まだ自分の血や肉になっていない異物であり，「とりいれ，のみこみ，こなす」とは，この異物を自分の血と肉に同化することである。そうであったのだ。かの女はまさしく，自分が同化しえない母親の禁止の命令を，とうてい，のみこみ，こなすことができなかったのである。そして逆に，むかむかして，吐き出さざるをえなかったのであ

> る。かの女はこのことを，意識して口に出して母親に語るかわりに，正確に身体言語で語っていたわけである。(荻野, 1994：76-77〔傍点は原文のまま〕)

　このような身体言語は，日常語のなかに多く探し出すことができます。「のみこみが早い」「仕事をうまくこなす」「吐き出すように言う」といった表現だけでなく，特定の身体部位が焦点化されて，「足が地に着いている」「腰が引けている」「肩身が狭い」「頭に来る」などの慣用表現になっていることもあります。加えて，日本語には心身の主観的な一如体を示す「身」という言葉があるので，「身が縮む」「身がほどける」「身軽になる」など，自身の状況を直接に表現することができます。

　しかし，明示的な説明や効率的な情報交換が求められる今日の社会にあっては，こうした身体言語はあまり使われなくなっているのではないでしょうか。若者たちが多用する感覚的な表現も，直覚的ではありますが身体感覚に根ざしたものとは言い難く，身体現象への感受性に直接関連したものではないように思われます。

● 1-2　生きてはたらく身体の見直し

　身体とは各人が棲みこんでいる世界であり，それぞれの生き方や状況の現れです。したがって，単に言葉の意味を交換するだけではない相互了解を深めるコミュニケーションでは，自他の身体現象への関心が不可欠といえるでしょう。共生社会をめざすコミュニケーション教育の一部として，本科目は，日常の身体体験への気づきを深め，普段あまり意識に上らない「生きてはたらく身体」の重要性に気づくことを目指しています。

　本科目ではまた，各人が身体体験への気づきを深めることを通して，コミュニケーションの幅を広げることも視野に入れます。というのは，一定の発達過程を経て固定化した行動パターンでは，本来の身体の知恵や潜在力を必ずしも十分に発揮できないためです。「自然体」の難しさはスポーツや芸術の領域でよく聞かれますが，日常生活でも本来の自然体の働きをルーチン化した習慣や思い込みによって枠づけし阻害していることが多く，難しさは同じといってよいかもしれません。容易には了解し合えないさまざまな他者と共生をめざして

いくには，なじんだ心身習慣を越えて，個々の状況でより柔軟かつ現実的に対応できる力が求められます。

　この点は，20歳前後の学生を相手とする際にはとくに重視されるべき事柄です。今日，多くの学生にとって大学とは，知的関心を満たす場としてよりも，青年期の発達課題と取り組み，社会人への準備をする場として期待されています。脳の発達が一段落し，高次の認知的操作や他者の視点の取得が大人並みに行われるようになったこの時期には，自己の意味づけや対人関係，時間的展望などに苦慮することも少なくありません。同時に，家族からの心理的離乳や新たな社会的ネットワークの構築，セクシュアリティへの理解と対処なども大きな課題になっています。子どもから社会人への立場の変化に際して，これまでの世界のみえ方や対人関係のパターンを吟味するという作業を経ることによって，新たに獲得されている心身機能を十分に発揮させるための準備ができることになります。

● 1-3　身体アウェアネスによる共生への現実的・機能的対応

　さて，身体なくしては直接関わることができない自我（わたし）と外界の関係は，図4-1のように示すことができます。身体は，ホメオスタシスの維持を始めとして，内外の状況に自律的に適応する術をもっていますが，その潜在力が十分発揮されるためには，自我の側からの必要以上の計らいや干渉が除かれ

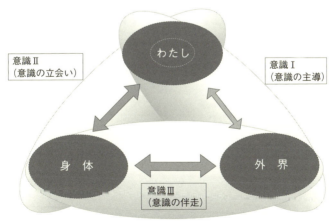

図4-1　三つの意識のモード

なければなりません。一方,「わたし」には,通常意識できる範囲の外側に,前意識ないし先意識として繊細な注意を向けなければ意識化できない領域があります(さらにその外側は無意識となります)。姿勢や動きなどで身体の筋緊張パターンが変わると外界の知覚など自我の働きも変わり得ますし,また,心像(イメージや夢)やあいまいな感覚,身体の動きなどを手がかりに,習慣化している自我のあり方をゆるめ,前意識ひいては無意識領域の内容を意識にもたらすこともできます。

とくに身体体験との関わりにおいてキーワードになるのは,「身体アウェアネス」です。これは,「判断を混じえずにあたたかい関心を向け,身体ぐるみ精細に聴き沿っている状態」をさし,前意識領域の自覚化をもたらすものです。こうした意識状態によって自分の「今ここでの現実」をより深く把握できるだけでなく,状況に応じた心身の自己調整と機能的対応を促進することができます。つまり,身体アウェアネスが不十分な場合には,ややもすると「わたし」が独走して実際の身体体験から乖離した対応になってしまうところを(図4-1の意識Ⅰ),身体アウェアネスによって身体体験と十分な連絡ができることで(意識Ⅱ),身体と外界との間でより現実的・機能的な関わりが可能になるといえます(意識Ⅲ)。この場合の「わたし」の役割は,生き物としての自分の関わり行動に伴走し,周囲を見渡しながら必要な範囲での方向づけと調整・交渉を行うことにあるといえるでしょう。こうした役割になじむことによって,「わたし」は他者の身体現象や他者自身の身体体験との関わりにも共感的に意識をひらき,自他ともにケアするコミュニケーションを促進できることが期待されます。

2 学習の意義

● 2-1 身体体験に根ざした関わり

前節で紹介したような身体現象への着目は,広い意味で身体コミュニケーションを扱っているといえます。しかし,通常,身体コミュニケーションの研究領域は非言語コミュニケーションを対象とすることが多く,ここでの問題提起とはやや異なります。

非言語コミュニケーションの研究では,外見や持ち物,姿勢やジェスチャー,

顔の表情や視線の動き，声や言葉の質，対人距離のとり方や接触など，対人関係で影響を与えるさまざまな非言語的要因を捉え，機能的意味や個人差・文化差，あるいは印象形成やコミュニケーションの効果性などとの関連を検討します。自分ではなかなか気づかない習慣的な身体の使い方に気づき，より効果的なコミュニケーションを図ることができる点では，非言語コミュニケーションの研究から学べることは多いものです。この分野はすでに良書が多く出版されていますし（大坊，1998；リッチモンド＆マクロスキー，2006 など），社会的技能（ソーシャル・スキル）の訓練でも比較的よく知られていますので，必要に応じて関連資料を参照することができます。

　一方，本科目での内容は，身体現象というコミュニケーションの基底部分を内側から吟味する，すなわち身体体験を了解しながら相互の身体現象への感受性を高め，共生へのより現実的・機能的な対処ができるようになることを目指しています。こうした視点は，ソマティックスという分野を背景としています。

　「ソマ」（soma）とはギリシャ語源で，「内側から体験されている身体」という意味があります。アメリカの現象学者であり身体教育の実践家でもあったトマス・ハナは，それまで個別に行われていたさまざまな身体教育，身体治療，身体心理療法の実践と研究を，ソマティックス（somatics）という分野にまとめました（Hanna, 1976）。この新たな分野の形成は，19 世紀後半から 20 世紀初めにヨーロッパと北アメリカで生じた関連した二つの動き，すなわちモノとしての身体ではなく生きて表現する身体を強調する新たな体育や芸術の出現と，フッサールに始まる現象学運動とを源流としています（Behnke, 1997）。ソマティックスでは，科学の分析対象として客体化される身体や社会的に評価され物象化される身体への批判的立場が継承されており，人間の「社会的生き物」としての健康や相互ケアの関係性をいかに現代社会で具現しうるかが基礎研究と臨床実践の両面で模索されています。

　コミュニケーションとの関連では，身体現象への注目はもとより，言語的メッセージのやりとりにおいても身体体験に根ざした本来の表現が交わされているかを問う，「身体化された関わり」（embodied relating）への問題提起がなされています（Aposhyan, 1999 など）。近年，学校教育が国際的に「社会性と情動の学習」を重視しつつあることや（Durlak et al., 2011；小泉，2011），成人教育理論

が身体やスピリチュアリティを含むホリスティックな傾向を強めてきていること（Merriam, 2008；Taylor et al., 2012）などを考え合わせると，身体化あるいは身体体験に根ざすこと（embodiment）は，大学教育でも今後重要な観点になる可能性があります。関連した組織的な実践事例として，すでに上智大学（鈴木, 2014）と成城大学（山本, 2016）の報告があります。

また日本では，2010（平成22）年度から文部科学省と文化庁が連携して，初等中等教育での芸術表現を通じたコミュニケーション教育の推進を図っています。そのねらいは，「子どもたちに対し芸術家による表現手法を用いた計画的・継続的なワークショップ等の実技指導を実施することにより，子どもたちの芸術を愛する心を育て，豊かな情操を養うとともに，コミュニケーション能力の育成を図ること」，及び「演劇・ダンス等の芸術表現を用いた学習プログラムの開発を行うとともに，国語をはじめとする各教科の学力向上や問題行動への効果的対応などの分析や検証も行うこと」とされています（文部科学省, n.d., 芸術表現を通じたコミュニケーション教育の推進）。この事業の成果の確認が必要ですが，言語化以前の，あるいは言語に伴う，より原初的なレベルのコミュニケーションは，日常の枠を取り払って芸術媒体等によって体験的に試行錯誤していく方がたしかに深い学びにつながると思われます。高等教育においても，さまざまな分野の芸術家やクリエイターの協力による教養教育事例が報告されており（慶應義塾大学教養研究センター, 2012など），対人関係の基盤を育てる機会として，こうした試みはもっと広くあってよいのではないでしょうか。

さらに進んで，美術館や博物館，劇場，伝統芸能保存会ほかと連携したコミュニティ・アート活動に参画できれば，地域での共生をテーマにしたアクティブ・ラーニングにつなげることも可能です。この種の取り組みはとくにイギリスで多くみられますが（伊地知, 2010），日本でも多様な実践が展開されています（藤・AAFネットワーク, 2012；川井田, 2013；熊倉他, 2014）。

● 2-2　身体アウェアネスの深化の方法

ソマティックスの分野では，これまで社会教育や臨床場面での実践が多く，学校教育での実践はほとんど報告されていません。わずかに日本では，舞踊教育の専門家である高橋和子を中心とした「からだ気づき教育研究会」によって

実践が蓄積されており（高橋, 2004），体育のみならず人間教育の新たな方向性を示しています。

　本科目では，ソマティックスにおける二つの基盤的実践方法を軸としながら，日本で開発された方法をも統合した独自の授業設計を試みています。二つの基盤的実践方法とは，センサリー・アウェアネスとフォーカシングです。

[1] センサリー・アウェアネス

　「センサリー・アウェアネス」（Sensory Awareness）は，身体アウェアネスの深化を目指して20世紀前半のドイツでエルザ・ギンドラーによって創始され，のちにアメリカに渡ったシャーロット・セルバーによってそう名づけられました（Lowe & Laeng-Gilliatt, 2007）。このアプローチでは，人間の基本的な機能（呼吸，立つ，歩く，与える・受け取る，かかわるなど）にじっくりと焦点を当て，思考や感情で干渉することなく狭く深く集中して体験を感じ分けていきます。それを通して，心身が必要な自己調整を解発し，意識の上では自由で生き生きした感覚や周囲と深く浸透しあっている感覚に導かれることが少なくありません。とくにメソッドを定めず，有機体の自発性に全幅の信頼を置いたこの探究方法は，その後の身体教育や身体心理療法の発展に大きな影響を与えました（Weaver, 2004）。日本では，看護や介護の領域でもセンサリー・アウェアネスの応用がみられます（藤岡, 1995；澤口, 2011）。

　身体アウェアネスは，自我の統制をゆるめ，とらわれない注意を広く保った受動的能動の構えとともに生じます。近年，とくにそうした注意の制御に焦点をあてた「マインドフルネス」（mindfulness）の訓練が注目され，ストレス管理や情動調整などでの効果が確認されています（Chiesa & Sarretti, 2009；Eberth & Sedlmeier, 2012；Keng et al., 2011）。脳機能の検討からも，高次判断機能を担う背外側前頭前野や注意を制御する前帯状回皮質ほかが活性化するだけでなく，それが長期間継続されれば，前頭前野や感覚皮質などが構造的に肥大することも知られています（Falk, 2014；Hölzel et al., 2011）。前頭前葉の中でもとくに眼窩前頭皮質は扁桃体と双方向に神経結合があり，情動調整とともにコミュニケーションの調整にも関与していることから，マインドフルネスは対人場面での機能向上にも有効であることが示唆されます。実際，共感性など社会的適応の

指標とマインドフルネスの間には正相関があることが知られています（Parker et al., 2015；Yamaji, 2014）。

現在のところ，こうした実証研究は身体アウェアネスに関してはほとんど行われておらず，マインドフルネスに関してのみ認知行動療法の文脈で盛んに行われています。両者は近接した概念ですので，本科目では，定式化されているマインドフルネス実習（ウィリアムズ他, 2012）のいくつかを復習課題の実習例として提示し，また学習評価に役立てるために，マインドフルネスと共感性の質問紙を使用しています（Sugiura et al., 2012；鈴木・木野, 2008）。加えて，ソマティックスにおける鍵概念である身体アウェアネスと身体への基本的信頼について，自作の尺度（山地, 2013）を用いて検討しています。

[2] フォーカシング

本科目で軸としているもう一つの方法は，「フォーカシング」（Focusing）です。これは，アメリカの現象学者・心理療法家であるユージン・ジェンドリンの創始によるもので（ジェンドリン, 1982），身体アウェアネスを保ちながら，気になる感覚や事柄について身体からの応答を得ながら進める内的対話のプロセスです。十分意識化されていない欲求や感情が，ぴったりとする表現に結晶したときには，身体感覚が大きく変わります（フェルト・シフト）。フォーカシングの技法にはいくつかありますが，池見（1995）では，①間をおく，②フォーカスする事柄を選ぶ，③フェルト・センスの形成，④見出しをつける，⑤見出しの響鳴，⑥問いかけ，⑦受容，という7ステップが提案されており，本科目でもそれを用いています。

フォーカシングは，身体体験に根ざした自分本来の言葉を見つける作業ともいえます。そこで求められる態度は，次の引用に示されるように，身体がおのずから方向を示唆し過程を推進していくことへの信頼と立会いの構えです。

> 正しい語は"やって来る（come）"のである。おかれている状況に身体的にいることが，正しい語に出て来させる。もしも，出て来ない時は，身体的な方法で待つこと，状況にいることを感じること，言おうとしかけていたことを感覚すること以外に，できることはほとんどない（諸富他, 2009：277）。

フォーカシングは精神的健康への基礎技法として，心理療法を横断的に統合することを可能にしていますが（Gendlin, 1998），近年，こうした自身との関わり方は論理的思考過程にも拡張され，TAE（Thinking At the Edge）という技法にまとめられています（得丸, 2008 など）。TAE では，「考える」という行為を，外部から取り込んだ概念間の操作ではなく，体験過程に照合しながら本来的な言葉を見い出し，その後徐々に論理的に整えていく作業として提案しています。流通し易い表現にすぐに翻訳されたものでなく，丁寧に感じ当てられた言葉の流れは，コミュニケーションにおいても力をもつ独自の新鮮な表現となります。本科目で最後に課すレポート課題は，TAE の初歩として，各人がそれまでの体験報告を重ね読みし，自分のなかから現れた表現をもとに学習をまとめる作業としています。

3 アクティブ・ラーニング事例

本科目では，実体験を通じて気づきを深められるように，授業は体験学習を中心に構成し，予習課題で資料読解を，復習課題で体験学習の深化を求めました。頭で理解することと身体で体験することを往還しつつ，各々が棲み込んでいる世界を自覚化し，周囲の事物や人，そして自分自身と現実的・機能的に関わるための身体アウェアネスの深化をテーマとしています。

● 3-1 授業の流れ

本科目は，通常教室ではなく，自由な動きが可能なフローリングの広いスペースで行い，学生には，いろいろな姿勢や動きをしても気にならない服装で参加するよう（身体を締め付ける服装やスカートやサンダル等は避けるよう）伝えておきました。また，体験学習と予復習課題のフィードバックに十分な時間を確保するため，2 コマ連続の授業を隔週で行っています。授業での資料や課題は，予習用資料を除いて（著作権保護のため），すべて LMS（WebClass）にアップし，課題提出とフィードバックもその上で行いました。

表 4-1 に示すように，授業内容は大きく五つに分けています。途中 2 回，「振り返りと討論」のコマを入れて，とくに復習課題に関して学生間で体験を共有

表4-1 「身体・かかわり・言葉」の授業内容

授業科目	身体・かかわり・言葉（隔週木曜日3・4限連続）
対象学生	教育学部・経済学部・水産学部・薬学部の2年次生約30名×2クラス
到達目標	①日常的な心身の体験傾向を理解する。 ②身体の内側に意識を向け，さまざまな感覚や感情の推移を体験する。 ③自身との関わり方が変わることで，体験も変わることに気づく。 ④身体次元の体験が言葉となってくるプロセスを体験する。 ⑤身体の動きの一部としての声や言葉の表出に気づく。 ⑥身体関係論の代表的な考え方を，体験を踏まえて説明することができる。 ⑦無自覚の社会適応の問題点とそれらへの対処策を，体験を踏まえて議論することができる。 ⑧自分の体験傾向と成長課題を適切にまとめることができる。
アクティブ・ラーニングの方法	①毎回の授業での体験学習と振り返り ②予習課題および復習課題に関するグループ討論
学習評価の方法	①予習課題　14点 ②毎回授業終了時に提出するワークシート　28点 ③復習課題　28点 ④確認テスト　10点 ⑤レポート課題　20点 ⑥身体アウェアネス（マインドフルネス）に関する事前・事後調査

し，質疑応答や討論を行うようにしました。

　この復習課題は，「1日最低20分を自分のためにとり，アウェアネス実習を行ってログをつける」というもので，意識のトレーニングとして本科目では重要な学習の柱になっています。いくつかの基礎的な実習はマインドフルネスの体験実習（ウィリアムズ他, 2012）を参考にして構成し，インストラクションのオーディオ・ファイルとともにLMSに上げておきました。が，学生には，「一瞬一瞬新たな気づきを促すさまざまな体験の中に生きている我々の日常では，どんな行動もアウェアネス実習に成り得る」と伝え，自分の関心に応じて実習を選べるようにしていました。ただし，アウェアネス実習の勘所として，以下の5点を挙げて，授業の際に随時確認するようにしました：①意識を広く開いておく，②身体の中心軸で感受する，③混乱したら呼吸にもどる，④常に初心で実習を繰り返す，⑤休みながらゆっくりと行う。

　以下では，各単元での体験学習の内容をかいつまんで紹介します。全体を

第4章 身体体験という土壌

表 4-2 授業の進行

回	学習内容	目標	授業方法	授業外課題（予復習課題など）
1	学習方法等の説明と調整 事前アンケート Ⅰ 導入：①身体関係論とは （身体技法・非言語行動・脱学習）	①	講義 ディスカッション	復）1日最低20分を自分のためにとり、アウェアネス実習を行ってログをつける。
2	Ⅰ 導入：②意識と非意識 （錯視・立体視・選択的注意） （出会い・アウェアネス）	① ③	講義 体験学習 グループワーク	予）野口三千三・養老孟司・羽鳥操「アーカイブズ野口体操」春秋社 2004年（pp.80-101）を200字程度で要約し、疑問点・感想・意見を述べる。
3	Ⅱ 身体とのかかわり：①私のからだ （ストレッチング・ボディスキャン）	② ③	体験学習 グループワーク	復）1日最低20分を自分のためにとり、アウェアネス実習を行ってログをつける。
4	Ⅱ 身体とのかかわり：②重さと動き （野口体操・重さのアウェアネス）	② ③	ビデオ視聴 体験学習 グループワーク	予）米山文明「声の呼吸法」平凡社 2003年（pp.90-99, 128-149）を200字程度で要約し、疑問点・感想・意見を述べる。
5	Ⅱ 身体とのかかわり：③呼吸と動き （呼吸の仕組み・息のアウェアネス）	② ③	ビデオ視聴 体験学習 グループワーク	復）1日最低20分を自分のためにとり、アウェアネス実習を行ってログをつける。
6	Ⅱ 身体とのかかわり：④見えない世界 （「見る」と「見える」・外界のアウェアネス）	② ③	体験学習 グループワーク	予）佐伯胖「まなびほぐし（アンラーン）のすすめ」苅宿俊文他編「まなびを学ぶ」東京大学出版会 2012年（pp.52-64）を200字程度で要約し、疑問点・感想・意見を述べる。
7	振り返りと討論（1）	① ② ③	講義 ディスカッション	復）1日最低20分を自分のためにとり、アウェアネス実習を行ってログをつける。
8	Ⅲ 自身とのかかわり：①フォーカシング 中間の授業評価	④	体験学習 グループワーク	予）池見陽「心のメッセージを聴く」講談社現代新書 1995年（pp.122-149）を200字程度で要約し、疑問点・感想・意見を述べる。
9	Ⅲ 自身とのかかわり：②感覚と感情 （ストレスマネジメント）	② ④	講義 体験学習 グループワーク	復）1日最低20分を自分のためにとり、アウェアネス実習を行ってログをつける。
10	Ⅲ 自身とのかかわり：③身体に尋ねる （自発的な動き・ゲシュタルト）	⑤	ビデオ視聴 体験学習 グループワーク	予）竹内敏晴「声が生まれる」中公新書 2007年（pp.23-36）を200字程度で要約し、疑問点・感想・意見を述べる。

回	学習内容	目標	授業方法	授業外課題（予復習課題など）
11	Ⅳ 他者とのかかわり：①関わるとは （ふれること・ふれられること）	① ② ③	体験学習 グループワーク	復）1日最低20分を自分のためにとり，アウェアネス実習を行ってログをつける。
12	Ⅳ 他者とのかかわり：②動きと表現 （創られながら創ること）	④ ⑤	体験学習 グループワーク	予）森有正「生きることと考えること」講談社現代新書1970年（pp.96-111）を200字程度で要約し，疑問点・感想・意見を述べる。
13	Ⅳ 他者とのかかわり：③声と言葉 （アクションとしてのこえことば）	④ ⑤	体験学習 グループワーク	復）1日最低20分を自分のためにとり，アウェアネス実習を行ってログをつける。
14	振り返りと討論（2）	⑥ ⑦	講義 ディスカッション	予）これまでの配布資料，提出物，教員コメントを総覧して，重要な事柄をA4判一枚に整理する。
15	Ⅴ まとめ：①確認テスト （再び脱学習とは）	⑥	テスト 講義 ディスカッション	課題）レポート（「私という生き物」2,000字程度）をWebClassに提出する。
16	Ⅴ まとめ：②総括 レポートの準備 事後アンケート・授業評価	⑧	グループワーク	

通して，前節で紹介したセンサリー・アウェアネスを応用する形で進めており，中間期にフォーカシングを導入しています。

[1] 身体とのかかわり

1) 私のからだ　ここでは，自分の身体を内側からあらためて知ることを目的に，自由にゆっくりとストレッチングを味わっていく，あるいは足の先から頭の天辺まで順に意識を向けていきながら丁寧に感覚を受け取っていく（ボディスキャン）などを行います。ややもすると，なじんだストレッチの仕方や個別部位の普段の感じ方などに体験を狭めてしまうことになりがちなので，そこに特に注意しながら，先入観をできるだけ取り払ってその時々の体験に十分ひらいていることを求めます。体験内容は絵にしてみて，互いに紹介しあいます。

2) 重さと動き　重力といかに関わるかは，生きている間常に課題となります。自分自身で自分の重さを支えようとするのでなく，地面や床面，あるい

は周りの空間に支えてもらいながら最適の動きを探ることで，日常知らず識らずに自分に無理を強いていることに気づくようになります。野口三千三による野口体操（野口, 2003）は，「筋肉は感覚器官である」という発想からそうした探究を助けてくれるので，そのなかの動きをいくつか試してみながら，重さに任せることでの自由な動きを探ります。

3）呼吸と動き　重力との関わり同様，呼吸もまた生きている間続く全身的な営みです。声や言葉を発する際には横隔膜や共鳴腔が適切に機能する必要がありますが，重さとの関わりも継続して課題となります。この点は，たとえば床を足で踏み込み，声を出しながら上体を立ててくるなどして確かめることができます。ドイツのイルゼ・ミッデンドルフによる呼吸の探究（Middendorf, 1990）では，特定の呼吸法を習得するのではなく，自然に起こってくる呼吸を妨げないあり方が目指されるので，それを基礎にした実習を行います。

4）見えない世界　視覚に頼りすぎる日常生活では，他の知覚器官の働きを十分に生かすことができません。そこで，目を閉じたまま，言葉も使わずに20分の屋外探索をしてみます。このとき，ペアを組んで，パートナーはその人が安全に探索できるよう見守り，必要があれば危険を知らせます。但し，事前に合図を決めたりなどはしません。見えない世界の体験は，後で絵にするなどして紹介しあいます。「見る」ことと「見える」（視覚体験にひらかれている）こととの違いに気づくこともできます。

[2] 自身とのかかわり

1）フォーカシング　ここまでの実習を通して身体アウェアネスにある程度なじんできたところで，自身の感覚や感情と関わる際の重要な技法であるフォーカシングを導入します。前節で紹介したように，これは，気になる体験内容について身体からの応答を得ながら進める内的対話のプロセスです。池見（1995）を参考に，①問をおく，②フォーカスする事柄を選ぶ，③フェルト・センスの形成，④見出しをつける，⑤見出しの響鳴，⑥問いかけ，⑦受容，の7ステップで進めますが，まずは前半（①〜③）に十分な時間をとり，気になっ

ている事柄を付箋に書き出したり，フェルト・センス（感じられていること）を絵にしたりする作業を含めます。

2）感覚と感情　　フォーカシングには練習が必要ですので，授業ではアプローチを変えながら何度かやってみる機会をつくっています。ここでは，基本情動とよばれる「喜び」「怒り」「悲しみ」「恐怖」などについて，日常での体験がどのように身体に現れてくるかを振り返ったり，ストレスに対する反応傾向を互いに紹介しあったりして，さらに身体現象への感受性を高めるようにします。多くのストレスは対人関係に起因していますので，ストレス反応のメカニズムを踏まえて，ストレス・マネジメントの工夫も考えあいます。

3）身体に尋ねる　　フォーカシングは言葉によるだけでなく，自然発生的に表れてくる微妙な動きや表情，声，イメージなどでも促進されます。また，体験に伴って起こっている動きを少し増幅してみたり，あるいはスローダウンしてみたりすることで，背景にあるイメージや言葉に気づくこともあります。ここでは，ペアになって，動きや言葉などをパートナーに丁寧に返してもらい（真似てもらい），自分のなかで確かめながら進んでいくプロセスを体験してみます。

[3] 他者とのかかわり

1）関わるとは（ふれること・ふれられること）　　ここから，対人関係に焦点をおいた実習に入ります。コミュニケーションでは，目を合わせることや相手にふれること，声が届くこと，察することなど，広い意味でコンタクト（ふれること・ふれられること）が基本にあります。かかわりを意識すると照れや恥ずかしさが出てくることも多く，それらもまた重要なアウェアネスの機会となります。ここでは，たとえばペアになって，自分に必要な対人距離を探る，重さをあずける・受け取る，身体をほぐす・ほぐされる，などのなかで起こってくる体験に立ち会っていきます。

2）動きと表現　　コンタクトのなかでも，ここではそれぞれの動きに焦点

第4章　身体体験という土壌　93

図4-2　話しかけの実習

図4-3　ボールを使った話しかけの実習

をあてます。自分にいま起こっている動き，あるいは必要な動きを探ることから始め，それを互いに紹介しあっていくと動きがさまざまに展開したり別の新たな動きが生まれたりします。そこで現れた動きをもとにグループで即興の舞踊劇を創ってみたり，あるいは逆に動きを最小限にして，ばらばらに立っている中で合図を使わずに一緒に歩き出して一緒に止まる，など広く意識をひらいた体験につなげたりします。

　3）声と言葉　ここまでの実習の総まとめとして，声・言葉の表現を扱います。重さや呼吸との関わりなどを復習しながら，外界にひらかれた方向性と意志の明確な働きかけを探究します。普段の会話ではこうしたコミュニケーションがなくとも不便はないかもしれませんが，自分のニーズを明確にしてきちんとやりとりをしなければならない場面（とくに異文化コミュニケーションなど）では，集中の深い全身的な構えが必要です。この点では，竹内敏晴の「アクションとしてのこえことば」の発想とそのための具体的な方法（竹内, 1990など）が参考になるので，そこから「歌いかけ」や「話しかけ」などの実習を応用して取り入れています。

● 3-2　学習の評価
　本科目の学習の評価は，大きく2種類の資料を用いて行っています。第1は，成績評価に用いたさまざまな評価対象です。第2は，授業の開始時と終了時に行った身体アウェアネス（マインドフルネス）に関する自己評価調査です。後者

については他の座学授業でも実施しており，結果の比較から，本科目では体験の観察，言語化，他者の視点取得の3点について自己評価が高まったことがわかっています（山地, 2014）。ここでは，とくに復習課題の継続との関連で調査結果を紹介します。

[1] 成績評価の資料から

成績評価は，表4-3に示すように，（授業内のワークシート2点×14回）＋（復習課題2点×14回）＋（予習課題2点×7回）＋確認テスト10点＋レポート20点＝100点のうち，60点以上を合格とする旨を学生に伝えておきました。授業は隔週2コマ連続で8回行っていますが，その最終回は確認テストと総括ですので提出物はありません。そのため予習課題は7回分，授業内のワークシートは1コマに1件で計14回分，そして復習課題は毎週提出となっていたため14週分となります。

これらの評価対象のうち最も重要なのは，毎週の復習課題（アウェアネス・ログ）です。14週の間，アウェアネス実習を継続していくことが本科目では大切な学習の柱となっていました。評価対象の間の相関をみると（表4-4），復習課

表4-3 成績評価の方法

評価対象	目標	実施方法	配点と評価観点
予習課題	⑥⑦	次回授業の前日24時までにWebClassに提出し，授業には印刷して持参。	2点×7回。記述が不十分な場合は減点。
授業内のワークシート	①〜⑧	体験実習での気づきの内容を各回授業終了時に提出。	2点×14回。記述が不十分な場合は減点。
復習課題	①〜⑤	アウェアネス・ログを毎週水曜日24時までにWebClassに提出。	2点×14回。記述が不十分な場合は減点。
確認テスト	⑥	重要な事柄についての記述式小問を5個出題（テスト時間30分）。	10点。身体関係論の代表的な考え方を，体験を踏まえて説明できていればよい。
レポート	⑦⑧	題目は『私という生き物』とし，2,000字程度でまとめる。（提出物を総覧し，自分のパターンをフォーカシングを応用して言葉にする。その内容を1,600字程度で紹介した上で，生き物としての自分の成長課題を400字程度でまとめる。レポートは後期開始までに返却する。）	20点。書式や評価観点別の配点など詳細は別途配布。

題と予習課題との間に高い正相関があり、LMSにアクセスしながらの学習が継続できたかどうかを示すものと思われます。レポートや授業内のワークシートとの間では中程度の正相関となっています。しかし、確認テストとの間での相関は低く、この確認テストは他の指標といずれも相関が弱くなっています。

確認テストは平均が4.6点（標準偏差1.3）で、10点満点の半分に至りません。予習課題の内容からの出題でしたが、予習課題との間の相関も低く（r=.27）、知識面での確認のためには適切なテストではなかった可能性があります。その一方、学生があまり予習課題や知識面の学習に意欲的でなかった面もあり、体験学習を中心に組み立てる授業において知識面での学習をどこまで要求するかは今後考慮すべき課題となります。

それに対して、レポートは平均が17.3点（標準偏差1.2）となり、20点満点の9割近くの出来となっていました。学生たちが各自の成果物を振り返り自分の表現で総括することは、予想以上にできていたということです。図4-4にいくつかの抜粋を紹介しますが、いずれも、アウェアネス実習を継続していくことの意義を示唆しているといえます。

再び復習課題に戻りますと、実際にどのくらいの学生が継続して取り組んだかを調べたところ、二つのクラスいずれでも4分の1程度の学生がアウェアネス・ログを半分以上（8週分以上）提出していない、あるいは提出していてもいい加減なログになっている（記入がほとんどない、以前の記述をコピー＆ペーストしている、など）という状況でした。授業のなかの「振り返りと討論」の回でアウェアネス実習をテーマにした際にも、一方で「感覚に目を向けることができるようになった」「回を重ねるごとに気づきが深まる」「無意識の活動に気づくようになった」などの報告があった反面、「継続が難しい」「やることを見つけ

表4-4 評価対象間のピアソン積率相関係数（N=63）

	復習課題	レポート	予習課題	確認テスト
レポート	.44**			
予習課題	.81**	.40**		
確認テスト	.25*	.23	.27*	
ワークシート	.45**	.43**	.55**	.34**

*p<.05 **p<.01

学生のレポートから①

　アウェアネス・ログを通して，自分が「呼吸」という行動を特に意識していることに気付いた。「呼吸」とは生物が生きていくためには必要不可欠な行動である。いつも当たり前だと思っていた行動にあえて意識を向け，違う視点から目を向けてみると，意外なことを発見できたりする。呼吸は，生物学的には主に肺で行っているが，<u>アウェアネス実習を繰り返していくうちにからだ全体が全力で呼吸しているように感じるようになった</u>。からだ中の毛穴が開き，髪の毛一本一本や手足の指の先にまで酸素が行き渡っているようだった。澄んだスカイブルー色のきれいな空気が体内に入ってきて，体の中をぐるぐる循環し，グレー色のモヤモヤやイライラが体の外に出ていっているような，そんな感じがする。<u>気分が落ち込んでいるときや疲れているときなど，アウェアネス実習を行うとネガティブな気分をポジティブな気分に変えることができるし，心だけでなくからだまで健康になったような気がする</u>。(A. F.)

学生のレポートから②

　今期のモジュールの中でプラスに考える方法や気持ちの持ち方に気づけた。アウェアネスでは無意識に行っている動作に気づきを発見することで，自分を見つめることができた。生活の中でいかに自分が意識していないことが多いか分かるとともに，無意識の中に新しい発見や楽しいことがあるということが分かるのである。<u>アウェアネスをしていると自分のどんな感情も悪いものだとは思わなくてよく，プラスの思考に変わる</u>。また，意識を開くことで動作が丁寧になったり，食べる速さが味わうことで遅くなったりする。フォーカシングでは自分の中にある気持ちを丁寧に扱って紙に書き出し，それらを見つめなおすことで心が整理されすっきりする。また，自分のどんな気持ちも肯定的にとらえるという方法で，自分では心の奥に押し込められているもやもやも上手く引き出すことができる。フォーカシングをすることで自分の気持ちに素直になれるのである。(A. S.)

学生のレポートから③

　アウェアネスログを始めたばかりの頃はどちらかというと変に身体を意識しすぎてしまい，逆に身体の自然な反応を得られずにぎこちないものになってしまっていた。しかし，後半の方からある日ふと，無意識の中での身体の反応というものに気が付くことが出来た。それはまるで意識しているのに意識をしていないような，身体の反応に自然としたがっているような感覚であった。<u>この感覚に至るまではやはり何度もこの行為を行うことが大切なのだということを感じた</u>。(H. O.)

　私は，今までこのように自分の体と向き合うことなど全くなかった。今回の講義でアウェアネスを行うと聞いた時も面倒だと思ったものであった。自分の体が感じていることは，同時に自分がわかっていることだと思っていた。しかしそうではなかった。"自分の内側に感じられる「心の実感」に触れ続け，それが開かれるとき，アタマの知識を超える知恵が現れてくる"。ボディスキャンにしても自分が今まで気づかなかったことをたくさん気づかせてくれた。(Y. H.)

図 4-4　学生のレポート例（下線は強調のため付加）

るのが難しい」「体験を言葉で表すことが難しい」といった困難を訴える声も少なくありませんでした。アウェアネス実習へのより丁寧な導入とサポートが必要であったと思われます。それを裏付けるように、学生による授業評価でも、総合満足度が5点満点の3.8と4.0（2クラスのそれぞれの結果）となっており、残念ながら学生にとって手応えの薄い授業であったようです。

[2] 身体アウェアネス（マインドフルネス）に関する調査資料から

それでは、復習課題に積極的に取り組んだ学生の特徴とその成果はどういうものだったのでしょうか。これに答えるためには、この授業の開始時と終了時に行った調査をもとにする必要があります。調査内容には、身体へのアウェアネス、身体への基本的信頼、マインドフルネス（体験の観察、言語化、非反応性など）、共感性などがありましたが、これらのうち、授業開始時に復習課題の継続を予測していたものは、身体への基本的信頼と言語化や非反応性でした（表4-5）。つまり、相対的に身体への信頼が低く、また体験の言語化が不得手で体験と間がとれない学生の方が、より積極的にアウェアネス実習に取り組んだ、ということになります。その理由は明確ではありませんが、ひょっとすると、アウェアネス実習の成果が現れやすかったために継続意欲につながっていたのかもしれません。この点は、相関の値も小さいですし、今後確認の必要があります。なお、授業終了時では非反応性以外の尺度では負相関はなく、キャッチアップしていたといえます。

復習課題の継続の成果を検討するには、授業終了時の調査の得点から授業開始時の得点で説明される部分を取り除いて、復習課題の得点との関連をみる必

表4-5 復習課題の合計点とアウェアネス（マインドフルネス）尺度との相関係数（$N = 60$）

	身体アウェアネス	身体への信頼	体験の観察	言語化	非反応性[a]
授業開始時：	-.08	-.28*	-.05	-.26*	-.34**
授業終了時：	.23	.11	.22	.06	-.27*

*$p<.05$ **$p<.01$

a) 習慣的な反応と間がとれることを指す。項目例は「つらい考えやイメージが浮かんだとき、たいていそれに心を占領されることなく、一歩下がってそれらを意識しておく」「難しい状況で、慌てて反応することなく、一呼吸おくことができる」など。

要があります。そこで，回帰分析によって授業開始時の得点を投入した後で復習課題の得点がなお寄与するかどうかを検討しました。その結果，身体へのアウェアネスと信頼，そして体験の言語化において，それらの上昇と復習課題の継続が有意に関連していることがわかりました（山地，2015）。つまり，アウェアネス実習の継続が身体へのアウェアネスと信頼を高め，またマインドフルネスのなかでもとくに体験の言語化の面を向上させたということがいえます。

以上の学習の評価をまとめると，次のとおりです。

①復習課題としてのアウェアネス実習の継続は，重要な学習の柱であったにもかかわらず4分の1程度の学生が達成できておらず，より丁寧な導入とサポートが必要である。
②復習課題を継続した学生は，授業開始時には身体への信頼とマインドフルネス（体験の言語化と非反応性）が相対的に低かったが，授業終了時には身体アウェアネス，身体への信頼，体験の言語化において向上し，キャッチアップしていた。この点では，アウェアネス実習の継続によって身体アウェアネスやマインドフルネスを高めようとする本科目のねらいが一定範囲で実現された。
③学習を総括するレポート課題の達成度は高かったが，知識面の習得は不十分であった。この点では，到達目標⑥の「身体関係論の代表的な考え方を，体験を踏まえて説明することができる」が達成されなかったことになり，今後の授業設計の再考を要する。

4 授業化のためのヒント

● 学習効果を高めるためのポイント提言

［1］実体験を通して気づきを深める

コミュニケーションのように日常「当たり前に」行われている行動を扱うには，時間をとったなかで丁寧に実体験からの気づきを受け取り，振り返る機会が有用です。いわば，習慣的反応への解像度を上げる，あるいは動体視力を上げる試みといってよいでしょう。スポーツ選手が，全身に繊細な注意を向け

て，フォームを非常にゆっくりと行うことで動きの確認・修正を行うことがありますが，それと同様です。こうした体験学習の構えが授業外でも日常化すれば，状況に応じた機能的なコミュニケーションを学生自ら工夫していくことが期待できます。

[2] 学生にとっての問題化を促す

体験学習への意欲は，学習課題が学生にとって「問題化」するかどうかに依存します。学習課題が普段の対人関係やコミュニケーション活動の盲点を明るみに出し，学生にとって対処が必要な事柄と感じられなければ，それに敢えて取り組むことは面倒で意義がわかりにくいことになります。これは本科目で失敗した点です。学生たちの年齢を考慮すると，内向きに滞りがちな情動エネルギーの本来のリズムを回復するために，創造的な表現活動の比重を大きくし，集団内での相互作用や有機体の自己調整への理解を深める機会を増やすのがよいかもしれません。

[3] 教員自身のアウェアネスを深める

体験学習では，教員がどのように場の集中を深め，どの程度各人の自由な探究をサポートできるかが問われます。このためには，まず教員自身の身体アウェアネスが十分でなければなりません。また学習課題を過度に構造化せず，学生の状況に柔軟に対応できるようにしておくことも必要です。さらに，授業外課題に対して学生個々にフィードバックすることで，学習をサポートするとともに授業での働きかけを工夫することも求められます。これらのうち，教員自身の十分なアウェアネスは最も難しい前提です。教員は日常の過剰な業務負担のなかで授業を忙しく行わなければならないわけですが，自らのために少しずつでもアウェアネスやマインドフルネスの実習を継続できれば，それが授業準備にもつながります。

□ キーワード解説 □

①身体アウェアネス

身体アウェアネスとは，自分の体験との関わりにおいて，「判断を混じえずにあたたかい関心を向け，身体ぐるみで精細に聴き沿っている状態」をさします。これは，自分の感覚や感情を冷静にモニターするということではなく，瞬間瞬間の体験にそのまま，直に立ち会い，心身の自己調整を解発するものです。また，習慣化されている行動パターンに気づくことでより現実的・機能的な行動を試みることができ，ひいては他者の身体現象や他者自身が身体体験と関わるあり方を共感的に了解することを可能にします。

②マインドフルネス

マインドフルネスは，心理臨床の一つの立場である認知行動療法の文脈で近年隆盛をみています。「今ここ」への注意の集中と体験の受容の二つの側面で捉えられ，そこでは，さまざまに立ち現れる体験内容と間を置いて（さまざまな感覚や感情，思考を雲の流れのように眺めて）現実状況に定位することが目指されます。身体アウェアネスと重なる概念ですが，とくに意識的な注意の制御に焦点があります。マインドフルネスに関する実証研究は多く行われており，ストレス管理や情動調整での効果が確認されているほか，対人場面での機能向上にも有効であることが示唆されています。

③フォーカシング

フォーカシングは，米国の現象学者・心理療法家であるユージン・ジェンドリンの創始によるもので（ジェンドリン，1982），身体アウェアネスを保ちながら，気になる感覚や事柄について身体からの応答を得ながら進める内的対話のプロセスです。十分意識化されていない欲求や感情（フェルト・センス）が，ぴったりとする表現に結晶したときには，身体感覚が大きく変わります（フェルト・シフト）。フォーカシングの技法にはいくつかありますが，池見（1995）では，①間をおく，②フォーカスする事柄を選ぶ，③フェルト・センスの形成，④見出しをつける，⑤見出しの響鳴，⑥問いかけ，⑦受容，という7ステップが提案されており，本科目でもそれを用いています。

■ リソース紹介 ■

① 竹内敏晴（2009）．「出会う」ということ　藤原書店
- 竹内敏晴（1925-2009）は，演出家である一方で，自らの聴覚言語障害の体験をもとに実存志向の心身教育メソッド（竹内レッスン）を開発しました。大学教育のほか，高校教育，障害者療育，教師教育，一般対象の人間関係教育など幅広い文脈で活動しています。本書は「出会い」をめぐる晩年の思索を示し，「からだ」から現代の人間関係を問い直す根源的視点を知ることができます。

② 野口三千三・養老孟司・羽鳥 操（2004）．アーカイブズ 野口体操　春秋社
- 野口三千三（1914-1998）はもともと体育教師でしたが，戦後，独特の流体イメージやオノマトペを援用して，まるごとの柔らかさを追求する野口体操を創始しました。徹底して自らの身体感覚に基づいた自由な探究を進め，自然や重さに直にたずねる「体操による人間変革」を唱えています。本書は，解剖学者の養老孟司との対談を含むDVDブックで，野口自身による野口体操の実演と解説が参考になります。

③ 伊東 博（1999）．身心一如のニュー・カウンセリング　誠信書房
- 伊東博（1919-2000）は，カウンセリングの領域でクライエント中心療法を日本に紹介した一人として知られていますが，米国の人間性回復運動に共鳴し，身心一如の発想での新たな人間教育（ニュー・カウンセリング）を提唱しました。本書では，四威儀といわれる「坐る・立つ・寝る・歩く」，そして人間関係の基本となる「与えること・受け取ること」を探究する体験実習が紹介されています。

④ 高橋和子（2004）．からだ―気づき学びの人間学　晃洋書房
- 高橋和子は，舞踊教育の立場から，伊東博のニュー・カウンセリングを発展させた「からだ気づき」を提唱しています。そこでは，まるごとの「からだ」を味わい，本来もっているさまざまな機能を十分に発揮できるようになることが目指されます。本書では，おもに学校教育での実践事例と考察が紹介されており，参考になります。

⑤ 米山文明（2011）．声の呼吸法―美しい響きをつくる　平凡社
- 米山文明（1925-2015）は耳鼻咽喉科のドクターですが，世界的なオペラ歌手の声のケアをするなど発声のスペシャリストとして知られています。本書では，ドイツで開発された基礎的な呼吸・発声のトレーニングをもとに，全身的な働きとしての呼吸・発声がわかりやすく解説されており，普段の発声や発話にも役立ちます。

⑥ 池見 陽（1995）．心のメッセージを聴く―実感が語る心理学　講談社現代新書
- 池見陽は心理臨床家であり，フォーカシングを日本で普及・発展させた一人として知られています。フォーカシングに関する類書は多く出版されていますが，本書は一般向けの解説書としては恐らく最もわかりやすく，また日常的な人間関係や自分自身との関わり方への示唆にも富むものです。

【引用・参考文献】

Aposhyan, S. (1999). *Natural intelligence: Body-mind integration and human development.* Baltimore, MD: Williams & Wilkins.

Behnke, E. (1997). Somatics. In L. Embree et al. (eds.), *Encyclopedia of phenomenology.* Dordrecht, NL: Kluwer Academic Publishers, pp.663-667.

Chiesa, A. & Sarretti, A. (2009). Mindfulness-based stress reduction for stress management in healthy people: A review and meta-analysis. *Journal of Alternative and Complementary Medicine,* **15**, 593-600.

Durlak, J. A., Weissberg, R. P., Dymnicki, A. B., Taylor, R. D., & Schellinger, K. B. (2011). The impact of enhancing students' social and emotional learning: A meta-analysis of school-based universal interventions. *Child Development,* **82**, 405-432.

Eberth, J., & Sedlmeier, P. (2012). The effects of mindfulness meditation: A meta-analysis. *Mindfulness,* **3**, 174-189.

Falk, E. B. (2014). Mindfulness and the neuroscience of influence. In A. Ie, C. T. Ngnoumen, & E. J. Langer (eds.), *The Wiley Blackwell Handbook of mindfulness, Vol. 1,* Chichester, UK: John Wiley & Sons, pp.387-403.

Gendlin, E. T. (1998). *Focusing-oriented psychotherapy: A manual of the experiential method.* New York: Guilford Press.

Hanna, T. (1976). The field of somatics. *Somatics: Magazine-Journal of the Bodily Arts and Sciences,* **1**(1), 30-34.

Hölzel, B. K., Lazar, S. W., Gard, T., Schuman-Olivier, Z., Vago, D. R., & Ott, U. (2011). How does mindfulness meditation work? Proposing mechanisms of action from a conceptual and neural perspective. *Perspectives on Psychological Science,* **6**, 537-559.

Keng, S.-L., Smoski, M. J., & Robins, C. J. (2011). Effects of mindfulness on psychological health: A review of empirical studies. *Clinical Psychological Review,* **31**, 1041-1056.

Lowe, R. & Laeng-Gilliatt, S. (eds.) (2007). *Reclaiming vitality and presence: Sensory Awareness as a practice for life.* Berkeley, CA: North Atlantic Books.

Merriam, S. B. (ed.) (2008). *Third update on adult learning theory.* New Directions for Adult and Continuing Education, 119. San Francisco, CA: Jossey-Bass.

Middendorf, I. (1990). *The perceptible breath: A breathing science.* (G. Floeren & D. Eule, Trans.). Paderborn, DE: Junfermann-Verlag.

Parker, S. C., Nelson, B. W., Epel, E. S., & Siegel, D. J. (2015). The science of presence: A central mediator of the interpersonal benefits of mindfulness. In K. W. Brown, J. D. Creswell, & R. M. Ryan (eds.), *Handbook of mindfulness: Theory, research, and practice.* NewYork: Guilford Press, pp.225-244.

Sugiura, Y., Sato, A., Ito, Y., & Murakami, H. (2012). Development and validation of the Japanese version of the Five Facet Mindfulness Questionnaire. *Mindfulness,* **3**,

85-94.
Taylor, E. W., Cranton, P., & Associates. (2012). *The handbook of transformative learning: Theory, research, and practice*. San Francisco, CA: Jossey-Bass.
Weaver, J. O. (2004). The influence of Elsa Gindler on somatic psychotherapy and on Charlotte Selver. *The USA Body Psychotherapy Journal*, **3**, 32–41.
Yamaji, H. (2014). Does mindfulness cultivate social connectedness? A narrative review on a novel modality of social emotional learning. 長崎大学大学教育イノベーションセンター紀要, **5**, 67–88.
伊地知裕子 (2010). ネットTAM リレーコラム第 62 回 コミュニティとアート, そしてコミュニティ・アート〈http://nettam.jp/column/62/〉(2015 年 1 月 1 日参照)
池見　陽 (1995). 心のメッセージを聴く　講談社現代新書
ウィリアムズ, J. M. G.・ティーズデール, J. D.・シーガル, Z. V.・カバットジン, J.／越川房子・黒澤麻美 [訳] (2012). うつのためのマインドフルネス実践―慢性的な不幸感からの解放　星和書店 (Williams, J. M. G., Teasdale, J. D., Segal, Z. V. & Kabat-Zinn, J. (2007). *The mindful way through depression*. New York: Guilford.)
荻野恒一 (1994). 現存在分析　紀伊國屋書店 (原著 1969 年)
川井田祥子 (2013). 障害者の芸術表現―共生的なまちづくりにむけて　水曜社
熊倉純子 [監修] ／菊地拓児・長津結一郎 [編] (2014). アートプロジェクト―芸術と共創する社会　水曜社
慶應義塾大学教養研究センター (2012). 文部科学省 大学教育・学生支援推進事業【テーマA】大学教育推進プログラム 慶應義塾大学「身体知教育を通して行う教養言語力育成」最終報告書
小泉令三 (2011). 社会性と情動の学習 (SEL-8S) の導入と実践　ミネルヴァ書房
澤口裕二 (2011). アウェアネス介助論―気づくことから始める介助論　上・下巻　シーニュ
ジェンドリン, E. T. ／村山正治・都留春夫・村瀬孝雄 [訳] (1982). フォーカシング　福村出版 (Gendlin, E. T. (1978). *Focusing*. New York: Everest House.)
鈴木　守 [編] (2014).「知としての身体」を考える―上智式教育イノベーション・モデル　学研マーケティング
鈴木有美・木野和代 (2008). 多次元共感性尺度 (MES) の作成―自己指向・他者指向の弁別に焦点を当てて　教育心理学研究, **56**, 487-497.
大坊郁夫 (1998). しぐさのコミュニケーション―人は親しみをどう伝えあうか　サイエンス社
高橋和子 (2004). からだ―気づき学びの人間学　晃洋書房
竹内敏晴 (1990).「からだ」と「ことば」のレッスン　講談社現代新書
得丸さと子 (2008). TAE による文章表現ワークブック　図書文化社
野口三千三 (2003). 原初生命体としての人間　岩波書店 (原著 1972 年)
藤　浩志・AAF ネットワーク (2012). 地域を変えるソフトパワー―アートプロジェクトがつなぐ人の知恵, まちの経験　青幻社

藤岡完治［編］（1995）．感性を育てる看護教育とニューカウンセリング　医学書院
諸富祥彦・村里忠之・末武康広［編］（2009）．ジェンドリン哲学入門―フォーカシングの根底にあるもの　コスモス・ライブラリー
文部科学省（n. d.）．芸術表現を通じたコミュニケーション教育の推進〈http://www.mext.go.jp/a_menu/shotou/commu/1289958.htm〉（2015年1月1日参照）
山地弘起（2013）．身体への基本的信頼とアウェアネス―尺度作成の試み　日本心理学会第77回大会発表論文集, 365.
山地弘起（2014）．教養教育におけるコミュニケーション教育―音表現・脳科学・心理学から（ラウンドテーブル）第20回大学教育研究フォーラム　京都大学
山地弘起（2015）．身体への基本的信頼―体験学習型授業における効果検討と尺度の改善　日本心理学会第79回大会発表論文集
山本敦久［編］（2016）．身体と教養―身体と向き合うアクティブ・ラーニングの探求　ナカニシヤ出版
リッチモンド, V. P.・マクロスキー, J. C.／山下耕治［編訳］（2006）．非言語行動の心理学―対人関係とコミュニケーション理解のために　北大路書房（Richmond, V. P., & McCroskey, J. C. (2004). *Nonverbal behavior in interpersonal relations* (5th ed.). Boston, MA: Allyn & Bacon.）
ローエン, A.／菅　靖彦・国永史子［訳］（1994）．バイオエネジェティックス―原理と実践　春秋社（Lowen, A. (1975). *Bioenergetics*. New York: Coward, McCann & Geoghegan.）

第5章
かかわりとしての音楽行為
音楽観の再構築にむけて

西田 治

1 メッセージ・テキスト

● 1-1 はじめに

　人のかかわり合いの中で，音や音楽による原初的表現の意義は予想以上に大きいものです。本章では，対人コミュニケーションの文脈で「音楽する」こと（ミュージッキング）を実体験し，その意義を探ることから日常の音楽観を問い直そうとした試みを紹介します。

　音楽はコミュニケーションである，とよく耳にします。しかしながら，現代を生きる私たちがそのことを実感する機会は少なく，実感するとしても「演奏者から聴衆へ」という一方向のコミュニケーションとしての経験がほとんどです。言葉を交わし会話をするように，音を交わし音楽をする双方向としてのコミュニケーションが不足しています。音楽は話すことと同様に誰でもが作り出し表現できるものであり，その証拠にアフリカなどでは日常の中にそういった行為が豊かにあるというクリストファー・スモール（2011：385-387）の見解に筆者は共感します。音楽の流れが演奏者から聴衆へ，ステージから客席へという一方向ではなく，その場にいる全員の間で双方向のやりとりが見られるような音楽行為は，演奏者から聴衆へという一方向のものと同じぐらいに——あるいはそれ以上に，人と人，人と自然世界のかかわりを取り結ぶ根源的で重要な行為であると考えます。

　では，一方向だけではなく，双方向のかかわりとしての音楽行為の在り方を取り戻すために大学の教養教育で行えることとは何でしょうか。ここでは，筆者のグループ即興演奏の実践をもとに考察していきたいと思います。

● 1-2　求められる双方向の音楽行為

　今日，多くの人々がイヤフォンをつけ日々音楽に触れながら生活しています。それは，一見，音楽との豊かなかかわりをもっているかのようにみえますが，その多くは，アーティストが演奏したものを受け取る側におり，自ら音楽をつくり出し発信する側には立ちません。アーティストの提供する音楽を聞いたり真似したりすることに終始しています。その背景には，音楽とは得意な者が表現をし，その他は受け取る側に立つという「演奏者から聴衆へ」という一方向的な音楽観が潜んでいるのでしょう。筆者自身，以前は，演奏といえば楽譜通りに演奏すること，音楽を聞くといえば静かに座って，CDのようにパッケージ化されたもの，ステージで演奏されるものを聴くというステレオタイプでした。学校で習う音楽もまた，楽譜化されたものの再生，パッケージ化されたものの再生や聴取，あるいはその分析や理解が多くの割合を占めています。

　しかし，楽譜通り演奏することもステージで奏でられる演奏を聞くことも人間の音楽行為からすれば，ごく一面に過ぎません。音楽とは，誰もが自ら作り出し演奏できるものであり，コミュニティにおいては得意な者もそうでない者も共に寄り集まってグループで奏でるものでもあります。近年では，アーティストが市民と共同で音楽作品をつくったり演奏する機会が増えてきたり（作曲家・野村誠の活動など），民間団体が仲介役となって小中学校にアーティストを派遣し，子どもたちとともに創造的な活動をするケースも増えてきました（「特定非営利活動法人 芸術家と子どもたち」の活動など）。また，コミュニティにおいて人々が寄り集まって音楽するという意味では，ドラムサークル（レクリエーショナル・ドラミングの一つの手法であり，練習も楽譜もなし，音楽の経験も問わずに誰でもが参加できるグループ即興演奏）なども行われています。また，ここ10数年で音楽療法への関心も急激に高まっていますが，それは楽譜に頼らずに音楽を媒介とした自由なやりとりへの関心という側面も大きいと考えます。

　アーティストたちの活動，ドラムサークルなどの参与型音楽の興隆，即興演奏を中心とした音楽療法への関心，そこには，演奏者から聴衆に向かう一方向のコミュニケーションとしての音楽ではなく，互いに演奏者であり聞き手であるという双方向のコミュニケーションとしての音楽への要求があるのだと考えます（参与型音楽についてはトマス・トゥリノ（2015）を参照）。

第5章　かかわりとしての音楽行為

● 1-3　教養教育における取組み

では，その要求に応え音楽行為のバランスについて考え実践するために，教養教育において取り組めることとは何でしょうか。前項で述べたような矮小化した音楽観を再検討することから始める必要があると考えます。音楽とはどのようなもので，自分と音楽はいかにかかわれるのか（「自分－音楽」の関係性），音楽を媒体として他者といかにかかわれるのか（「自分－音楽－他者」の関係性）を再検討することが必要です。音楽とは，楽譜化されたものだけではなく，誰もが創造的にかかわっていけるものであり，得意／不得意を問わず他者とともに奏で共有することができるものだという実感をもつこと。そして，それらを基盤として自らの音楽観を再検討する過程が必要です。音楽も他者とのかかわりも知識ではなく行為です。知的理解だけではなく，自らの身体を通した体験的理解を手掛かりとして検討していく必要があります。そのため本章で紹介する実践では，そのほとんどがグループによる即興演奏の体験です（図5-1）。体験し，それを振り返って仲間と共有し，その体験を意味づけたり検討するために文献を読み合わせる作業をくりかえすことによって音楽観の再検討を行いました。講義後，受講生のほとんどが，音楽観が変わったと述べています。図5-2 に一例を紹介します（「本講義を通して音楽観に変化があったか」に対する答えとして記述されたもの）。

得意／不得意にかかわらず，その場にいるもの全員で即興による双方向の音楽体験をし，その体験を基盤に自らの音楽観を問い直すこと。それは，演奏者から聴衆へと向かう一方向ではなく，双方向のかかわりもできるという音楽観の構築につながっています。

図 5-1　即興演奏の様子

学生のレポートから①

　講義中の活動やさまざまな文献で，自分の中の音楽観はとても変わったと思う。たとえば，音楽イコール楽譜にされている楽曲だけではないことだ。即興演奏をしていて，楽譜なしでも素晴らしい音楽を作りだしたり，失敗して生まれた音も楽しんだりすることにとても充実感を覚えた。今までの自分はどちらかといえば，楽譜に忠実で完成された音楽を聴く側だと，音楽に対して受け身になっていた部分があった。だが，自分の手で一回きりしか聴けない演奏をするという体験を繰り返すことで，音楽に対する姿勢が変化したように感じる。(S. I.)

学生のレポートから②

　本講義を選んで最初に考えたことは，何回休むかだった。理由は，音楽が苦手で講義を選んだのはシラバスをよく読まず座学だけだろうと思い込んでいたのに，体験型で実際に音楽を楽器で奏でていく講義スタイルであったからである。しかし，やっていくうちに音楽の奥深さや楽しさを少しずつ見つけていくことができた。実際に本講義で学んだのは，決められたとおりに演奏することだけが音楽ではないということである。即興音楽には楽譜はなく，その場の雰囲気や奏者によって変化していく型のない表現方法であるため，リズム感やセンスといった先天的な才能や練習によって身につけた音楽技術よりも，大事なのは演奏に心からのめりこむことと周りとの音楽のかかわり方を楽しむことであると思う。私自身，正直リズム感は悪く，音楽的な技術もほぼないが，楽器を自分のペースでたたき周囲の他の音との関わりに興味を持ち楽しむことができた。以上のような体験から音楽が嫌いなものから，周りの音との関係が楽しめる言葉を介さないコミュニケーションツールに変わった。(T. I.)

学生のレポートから③

　授業を通して得た一番の意識の変化は，音楽とは「発信する側と受け取る側」という形だけではないということである。確かに，作った曲を発信する場合，音楽は提供者から消費者へと一方向的に伝わることが多い。しかし，即興での体験から音楽をその場で共有すると相互的なやりとりが生まれることに気付いた。たとえば輪になってドラミングをする時，私は全体の音の響きを感じ自分の演奏を工夫してみようと試みる，同時に私の音は即興を作りあげる要素となる。まるで言葉をやりとりするように，音楽を受け取ることと音楽を作り出し共有することを同時に行うことができた。この音楽の授受は音楽を共有する活動に参加してみて初めて気づくものだと思った。(A. K.)

図5-2　学生のレポート例

2　学習の意義

● 2-1　ミュージッキングという視点

　本章で紹介する実践は，クリストファー・スモールの「ミュージッキング

> **学生のレポートから④**
>
> この講義を通して，やはり音楽の幅がかなり広がった。まずは，自分の音楽という常識を崩すということはかなり刺激的でおもしろかった。それまで，音楽とはメロディーがあって，その中で和音や論理の縛りがあってからこそいい音楽ができると思っていた。けれどこの授業の中で，そんなことを考えて演奏するなんていう瞬間は一度もなかった。さらには，自分の生活の中にある音でさえ，音楽なのだととらえることもあり，音楽というものの概念は何なのだと考える機会となった。捉え方として一番印象に残っているのが，講義の中で度々無音を感じたことである。無音から始まり無音で終わったし，無音の中に色々な音を張り付けたりした。無音でさえ音楽であるというのはとても印象深く感じた。(K. K.)

図 5-2　学生のレポート例 (続き)

(音楽する：Musicking)」に関する研究によって意義づけることができます。ここでは，その概要について紹介します。ミュージッキングの定義は，以下のようなものです。

> 「音楽する」とは，どんな立場からであれ音楽的なパフォーマンスに参加することであり，これには演奏することも聴くことも，リハーサルや練習も，パフォーマンスのための素材を提供すること（つまり作曲）も，ダンスも含まれる（スモール，2011：30-31）。

この概念を提唱してスモールが主張したかったことは，以下の言葉に集約されています。

> 音楽とはモノではなくて人が行なう何ものか，すなわち活動なのだ。一見疑いなくそこにあるように見える「音楽」という概念はじつは作り物であって，これは音楽を生み出すあらゆる活動や行為の抽象概念でしかない（スモール，2011：19）。

今日，私たちは，音楽について考える場合，まず作品ありきで，演奏活動（パフォーマンス）はその作品を具現化する行為と捉えがちです。しかし，スモールは，「本来パフォーマンスは音楽作品を知らしめるために存在するのではない

のであって，むしろ，音楽作品の方がパフォーマーに表現のための素材を提供している。(スモール，2011：28-29)」のだとします。続けてスモールは，「音楽の本質とその根本的な意味とは，対象，すなわち音楽作品のなかにあるのではまったくなく，人々の行為の方にある」とし，音楽の行為に参入することは話すこと（Speaking）に参加するのと同じく重要，かつ健常な人間なら誰でも会話と同じように音楽の才能に恵まれていると指摘します（スモール，2011：29）。

そして，それらを踏まえると「ほんの一握りの「才能ある」人びとがその他大勢の「無能な」人びとに音楽を聴かせることを可能にしている今日の音楽環境は，それが「クラシック」であれ「ポピュラー」であれ，虚偽に基づいているということになる。これは，私たちが自分たちのために音楽を作る能力が，ハイジャックされているということに他ならない（スモール，2011：29-30)」と辛らつな言葉で今日の音楽状況に警鐘を鳴らします。

スモールは，ミュージッキング理論の目的について以下のように述べています。

> 気づいているかどうかは別にして，また必ずしも厳密なものでないにせよ，誰もがミュージッキングの理論，すなわちどんなミュージッキングが私たちの生にとって一定の役割を演じているか（そしてそうでないか）についての見解を持っている。だが，この理論が意識され思考されない限り，私たちの音楽的な活動はその能力を制限され支配され続けるだろう。［中略］この本で私が狙っていることの一つは，あなたが自らのミュージッキングの「理論」とその性質についてより良く知ることで，あなたの音楽人生をより良くコントロールできるようになってもらうことなのだ。［中略］これは私たちが，自分たち自身について，私たちと他者との関係について，また私たちと地球上の生き物との結びつきについて理解するためには欠かせない事柄なのだ（スモール，2011：37-38)。

教育や消費文化などによって作り上げられた音楽観を再検討し，ミュージッキングをコントロールしていくことに本講義の学習意義があります。そして，即興演奏を中心とし音楽観を問い直す一連の音楽教育は，大学教育段階だから

こそできるものでもあります。

　音楽作品を購入し，鑑賞したり再生したりしているだけでは，音楽はモノとして捉えられ，音楽は行為であるというミュージッキングの概念は理解しづらいものです。消費文化が支配的な今日にあって，音楽はモノではなく，行為であることを実感するには，消費者の立場から生産者の立場に立ってみることが有益です。自らの手で創り出してみることで，それがモノではなく行為であり，自己と世界，自己と他者のかかわりであることが理解されるでしょう。

　本来，ミュージッキングは鑑賞することも表現することももっと幅広くその行為に関わること全般を指し示す語ですが，本実践では，鑑賞者の立場ではなく，グループによる即興演奏によって，音楽の作り手の立場に立って表現することを中心に講義を進めました。ミュージッキングを省察しコントロールするためには，それが有効だと考えるからです。

● 2-2　音楽行為を言語化することの意義

　本講義では，即興演奏だけではなく，その体験について振り返り他者と共有すること，それらの体験を意味づけたり深めたりするのに有益な文献を読み合わせ，その感想を共有することも大きな軸となっています。自らの音楽行為について焦点をあて，どのようなことをしたか，どのように感じたか，なぜそう感じたか，それにはどのような意味があるのか，と考え語り合うことは音楽の得意／不得意を問わずに行うことができ，他者と共有した音楽について語り合うことは，受講生たちにとって自らの考えを整理し再構築すること，他者の価値観を知ることにつながっていました。スモールは，音楽について語ることについて以下のように述べています。

> ミュージッキングについてのコトバによる言説も，音楽経験になり代わるものとしてではなく，音楽経験に何かを付け加えるものとしての重要な役割がある。ミュージッキングについて意見を交換したり，音楽経験をコトバにして比較したりすることは，気軽な会話や知的な話題を提供してくれるというだけでなく，パフォーマンスに参加する人びと同士のつながりを豊かにもしてくれる（スモール，2011：390）。

スモールが指摘するように、音楽活動の前後に行う言語による共有は、明らかに受講生たちのつながりを強め、さらにそのことが安心した雰囲気を生み、より自由な即興演奏へとつながっていました。音楽行為の言語化は、体験を学びとするための役割としてはもちろんのこと、受講生同士のコミュニケーション（音楽行為を発端とする言語による交流）を促す役割としても意義があります。

● 2-3 音楽することの意義

本講義は、即興演奏とその振り返りを通して音楽観の再検討を促しています。しかし矛盾するようですが、即興演奏の最中、「音楽観の再検討のために演奏している」という意識のもとに行っているかと問われれば答えは否です。音楽することの意味は、音楽することそのものにしかなく、「〇〇のために音楽をしましょう」、ましてや「〇〇を学ぶために音楽をしましょう」といったとたん音楽が色あせていくのを感じます。音楽をすることでそこから学びが起こったり、コミュニケーションが促されたりとさまざまな変化が付随して起こることは承知しています。しかし、それらはあくまで付随して起こるものであり、音楽することの根本的な理由づけではありません。教育の場で音楽を扱う際には、音楽することそのものに意義を見い出しながら、付随して起こる学びを意図することが重要だと考えます。そして、音楽するに際しての教員の役割は、言葉で「この音楽にはこれだけの価値がある。だから君たちはこの音楽を学ぶ価値がある」と語ることではなく、受講生が音楽そのものに没頭するための手立てを組むことなのではないでしょうか。

● 2-4 本講義における音楽以外の学び

本講義において受講生たちは、音楽することを通して付随的に音楽以外のことについても学んでいます。たとえば、音楽観の再検討を通して、既成概念や先入観に揺さぶりをかける批判力、意味を再構築していく過程で創造力を、というようにです。それ以外にも受講生各々の中でさまざまな学びが生まれていました。図5-3に、「本講義での最大の学びは何でしたか」という問いに対する受講生の記述を紹介します。

学生のレポートから⑤

　最大の学びは「魅力的な他者に出会えたこと」だと思う。サウンドスケープで身の回りには音楽があふれていて，選択的にしか聴いていないということを学んだように，身の回りにはこんなに魅力的な人があふれていて，自分は特定の人としか接しようとしていなかったのではないかと思った。音楽を通して，違いに気づき，それを受け入れてより豊かな音にできるように，人と接して自分を表現しあい，影響を与えながら新たな関係，新たな化学反応を起こしていけたらと思う。(K. O.)

学生のレポートから⑥

　以前の自分はただ既存の音楽を受け入れるだけであったし，人前で演奏をしたりすることに恥ずかしさも感じていた。しかし，この講義を通してさまざまな楽器に触れたり，他のみんなと即興演奏をしたりして，非常に楽しかった。演奏することを通じて，自分を以前よりは前面に出すことができるようになったのではないかとも思う。このことはこれからの自分の生活にも生かしていけると思う。たとえば，何か人前で発表したりするときに，気落ちすることなく自分を出すことができるようになるかもしれないと思った。自分を表現することの楽しさ，それが私にとっての最大の学びであった。(H. M.)

学生のレポートから⑦

講義の中での最大の学びは，私という存在もまた音楽の一部であるということだ。私は今まで合唱よりも独唱を好ましく思っており，合奏もまた同様であった。それは目立ちたいからというような理由ではなく，みんなの美しい音を自分の音によって乱したくなかったからだ。しかし，講義内での活動中に私は気づいた。自分一人が声を出せばそれが音楽の一部となり，その声をなくせば，その音楽も変容してしまう。同じ音楽は存在しないのだ，と。私はこの気づきを，今後の生活の中で「何事にもどんどん参加する」「集団行動の中の自分を認める」といった形で生かしていきたいと思った。そして，この考え方をみんなで共有したい。(N. T.)

学生のレポートから⑧

講義を受講しての最大の学びは，自由に各々自分が好きなように演奏したものから素晴らしい合奏が生まれるということである。私はこれを自分が専攻している美術にも生かせないかと考えた。(中略)詳細はまだ考えつくことができないが，共同制作といった形で各々が同じ画面に好きなように作品を描き出すことでこの即興演奏から感じたような他人の個性との響き合いを感じることができないかと考えた。もしかしたら，とんでもない無秩序な作品が出来上がってしまうかもしれないがそれも強烈な個性のぶつかり合いの結果であり，その中にはどこかに素敵な偶然の共鳴が生まれると考える。(M. K.)

図5-3　学生のレポート例2

他者へのまなざし，自らを表現すること，自尊心，美術への応用など多様な気づきと学びが起こっていることが伺えます。これは，知識伝達型ではなく，学びほぐしていくことを目指した講義内容であるからこそ生まれた学びです。協同や学びほぐしを目指したワークショップ型の講義形式の有効性を示しているといえるでしょう。

3 アクティブ・ラーニング事例

● 3-1 講義概要

講義内容は，表5-1，2に示すように全8回の講義となります。これは，前半8回がスポーツに関する講義が行われているためです。また，本講義は，2クラスを2コマ連続で実施しています。2014年度は，金曜日の4限，5限で実施しました。

毎回の講義は，次の三つの要素から構成されています。これは，上田信行のTKF法をモデルとしています（上田，2009：159）。

(1) 文献購読とディスカッション
(2) 即興演奏
(3) 振り返り

(1) については，講義中に体験する音楽行為を意味づけたり解釈したりする助けとなる内容の文献を用意し，それを読み合わせ，印象に残った部分を理由とともに話し合う活動を行っています。これによって自らの行為の意味をより深く振り返ったり，意味づけることを促しています。

(2) の表現活動は，動的なものと静的なものの2種類に大別することができます。動的なものとしては，ボディ・パーカッションやドラムなどを用いた活動，静的なものとしては，サウンド・エデュケーション，音による空間デザイン，声による即興，レインスティックを用いたクールダウンがあげられます。

毎回の講義では，徐々に動的な活動へと移行していき十分に動的に表現した後で，静的な活動に移行し終了するように流れを作っています。これは，動的な活動でエネルギーを発散させた後の方が静的な活動が行いやすいという理由

表 5-1　講義概要

授業科目	芸術・スポーツとコミュニケーション（後半8回）
対象学生	教育学部・経済学部・水産学部・薬学部の2年次生 約70名（1クラス約35名×2クラス）
到達目標	①即興演奏の体験などから Musicking の多様性に体験的に気がつくことができる。 ②音，音楽の聴取の多様性に体験的に気がつくことができる。 ③音楽の得手，不得手の区別なく共存するグループにおいて，他者と協力して音楽表現をすることができる。 ④自らの音楽観（音楽の捉え方）を見つめなおし，その変化を言葉で説明することができる。 ⑤他者と音・音楽を共有することについて，体験したことを言葉で説明することができる。
アクティブ・ラーニングの方法	①即興演奏と振り返り ②文献をもとにしたディスカッション
学習評価の方法	①復習課題（振り返り）　80点 ②最終レポート　20点

と，ドラムなどの即興は気持ちが高揚しやすいためクールダウンの意味で静的な活動がふさわしいという二つの理由からです。また，動的，静的のいずれの表現も，枠組みの強い活動から次第に自由度の高い活動になるように配置しています。はじめから「自由に演奏していいよ」と自由度の高い活動を行っても，どうしていいかわからず立ち往生してしまうからです。枠組みのある活動から始め，少しずつ個々人の自由に任せて表現していけるよう流れをデザインしています。

（3）については，毎回の講義の終わり15分程度を使って行っています。まず，個々人で振り返り用のワークシートに箇条書きで記入し，その後，グループ内2人もしくは3人で，特に印象に残った部分について語り合って振り返ります。このワークシートは，後日，清書して LMS 上で提出することとしています。

また，講義には常時，2名のティーチング・アシスタントの大学院生にドキュメンテーション・スタッフとして参加してもらい，映像と写真によって記録を取ってもらっています。これは，上田信行の方法を取り入れたもので（上田，2009：161）振り返りの素材としてのドキュメンテーションの意味合いだけではなく，見られている，記録されているという意識によって活動を活性化させることも意図しています。

表 5-2 講義内容一覧

回	学習内容
1	・講義方法 ・内容の確認 ・アイスブレイク：音あそび（エッグシェイカー回しなど） ・ボディ・パーカッションによる表現 ・声による即興表現
2	・文献購読とディスカッション：本講義における学びについて：使用文献：茂木一司ら（2010）『協同と表現のワークショップ―学びのための環境のデザイン』東信堂より抜粋 ・アイスブレイク：エッグシェイカー回し ・手型足型カードによるリズムフレーズの創作：熊木眞見子ら（2004）『子どもの豊かさを培う共生・共創の学び―筑波プラント実践』東洋館書房 ・クールダウン：レインスティック
3	・サウンドスケープ概説 ・サウンド・エデュケーションのエクササイズの実施 ・文献講読とディスカッション：使用文献：山本美芽（2002）『リンゴは赤じゃない』新潮社より抜粋
4	・文献講読とディスカッション：使用文献：三宮麻由子（2007）『そっと耳を澄ませば』集英社より抜粋 ・レインスティック演奏 ・雨をテーマにした拍節のない音楽づくり……《雨降り雲》リリ・フリーデマン（2002）：p.26
5	・文献講読とディスカッション：使用文献：野村誠（2008）『音楽ってどうやるの』あおぞら音楽社より抜粋 ・《リズムの環》リリ・フリーデマン，2002：p.33 ・野村誠《なんでもバスケットオーケストラ》 ・ハンドドラムおよび声による即興演奏・クールダウン：レインスティック
6	・文献講読とディスカッション：使用文献：若尾裕（2000）『奏でることの力』春秋社より抜粋 ・ドレミパイプによるパターン演奏と即興演奏・ハンドドラムおよび声による即興演奏
7	・文献講読とディスカッション：使用文献：クリストファー・スモール（2011）『ミュージッキング』水声社より抜粋 ・振り返りムービーの視聴 ・ハンドドラムによる即興演奏 ・《手拍子のロンド》野村誠，2008：p.70・リラクゼーション：レインスティック
8	・各グループでレポートのシェア ・全体での感想のシェア ・講義まとめ ・ノーファシリテーションでの即興演奏 ・アンケート調査

● 3-2 授業の詳細

[1] 第1回

　第1回は，講義の内容と方法を確認することから始めます。座学と異なり体験がメインとなること，その体験を振り返ったり他者と共有することが重要に

第5章　かかわりとしての音楽行為　　117

図5-4　エッグ・シェイカー・パス　　　　図5-5　ボディ・パーカッション

なること，音楽の表現自体が評価には関わらないということを確認します。
　その後，アイスブレイクの意味も込めて，簡単な音あそびからスタートします。その中の一つ，円になって行うエッグ・シェイカー・パス（ダス，2008：82）では，「卵を落としても拾わない」というルールのもと右隣の人にシェイカーをパスしていく活動を行います（図5-4）。この活動を通して，「この講義では，失敗（卵を落とすということ）も楽しむ気持ちで音楽することを大切にしたい」と受講生に伝えます。演奏というと間違ってはいけないという強迫観念をいだいている受講生も多々います。即興演奏をする際にはその強迫観念が大きな壁となるため，間違うということへの受容的な雰囲気を初回から作っていくことを意図しています（図5-5）。

[2] 第2回
　本時のはじめには，「本講義における学びについて」というテーマで，再度，受講生に本講義のねらい，知識獲得型の講義ではないこと，体験を重視し，その中での気づきや発見，考え方の異なる他者との出会いと共同を大切にする旨を伝えます。これは，2013年度に初めて本講義を実践したときの失敗から得た教訓ですが，知識獲得型の授業に慣れている受講生たちにとって体験型の本講義での学びが，学びとして認識されにくいため改めて説明を行っています。
　本時のメインの活動は，手型足型カードを用いたリズムフレーズの創作です。

図 5-6　自ら作った曲に動きを加えて演奏している様子

　これは，筑波大学附属小学校 4 年生の活動事例（熊木他，2004：72-80）を参考として，筆者が大学生向けにアレンジした活動になります（図5-6）。手型，足型が描かれているカードを並べてリズムを作っていく活動は，五線譜に抵抗のある受講生にも受け入れやすく，また自由に作ってよいといわれると何から取りかかったらよいか迷う受講生にとってもカードが手がかりとなる，音楽づくりの導入として取り組みやすい活動です。

[3] 第 3 回

　本時のねらいは，聴取のあり方の再検討です。私たちは，普段，聞いているようでじつは聞いていないことが多いものです。聞くということそのものを学ぶために作曲家マリー・シェイファーの考案したサウンド・エデュケーションを実施します。いくつか課題を行いますが，はじめに実施する課題は，「一分間，目を閉じて聞こえてくる音すべてを聞いてみよう」という課題です（シェーファー，2009：3）。この課題に取り組むことによって，人の歩く音，笑い声，車の通る音，鳥の声など，そこにあるはずだけれども普段意識していないがゆえに聞こえてこない「音の風景（サウンドスケープ）」に気がつくことができます。その気づきを生かして，その後，スタジオを出て，キャンパス内をリスニング・ウォークします。これは，音の風景に意識を向けながらの散歩です。受講生からは，「毎日歩いているはずのキャンパス内にこんな音があふれているとは」という驚きの声が聞かれます。

[4] 第4回

　本時は，空間を音でデザインする活動の体験です。リリ・フリーデマンの「雨降り雲」（フリーデマン，2002：26）という活動からスタートします。雨雲がやってきて雨を降らして過ぎ去っていくまでの雨の音風景をグループごとに描写する活動です。ファシリテーターとしての教員の役割は，問いかけたり，いくつかの例を示したりすることで，受講生が想像力豊かに音の風景を作るサポートをすることです。最後には，スタジオの照明を落とした状態で演奏を行います。

　音楽というと作曲という概念と結びつきやすく，作曲は専門家がするものという意識が生まれやすいのですが，音で空間をデザインするという意識にかえるだけで，取り組みやすさが生まれます。拍節感のない音楽づくりのアプローチとして有効な活動です。

[5] 第5回

　本時のねらいは，ハンドドラムによる即興演奏を体験することにあります。ジャンベなどのハンドドラムは，触れたことがない受講生も多いため，簡単に演奏方法をレクチャーした後，さまざまな楽器に触れることを意図して作曲家・野村誠の「なんでもバスケットオーケストラ」を実施します（図5-7）。レクリエーションとしてよく取り上げられる「なんでもバスケット」を楽器をたたきながら行うもので，ゲーム性の高さから楽器演奏への抵抗を少なくして活動できる利点があります。

　この活動の後，アーサー・ハルの考案したドラムサークルの手法を用いて，

図5-7　なんでもバスケットオーケストラ

図5-8　ドラムサークルの様子

全員でドラミングを行います（図5-8）。筆者がファシリテーターとなって場を支えながら，全員で一つのビートを共有しての初めての即興です。この活動によって受講生は，即興演奏が自分たちにもできるのだという実感をもつことができていました。

[6] 第6回

本時のねらいは，ペアで即興演奏の体験をすることです。また，ドレミパイプという音程をもった打楽器を使うことで，これまでのリズムのみの即興演奏に音程やハーモニーといった要素を加え，より色彩感のある即興演奏をすることも意図しています。

はじめからペアでの即興演奏は，抵抗が大きいため，リズムパターンを演奏することから始めました。このリズムパターンの演奏の際に，リズムの組み合わせ方についてもレクチャーを行います。一人ですべての拍を埋めようとせず，相手との対話ができるようリズムに余白をもたせること，互いにその余白を埋めたり共有したりすることについてです。これは第5回の「リズムの環」という活動でもレクチャーした内容なので，受講生たちにとっては復習的な内容となります。この後，筆者が演奏するバスドラムのビートにあわせて，ペアで即興演奏を行う活動に移行しました（図5-9）。

[7] 第7回

本時は，これまでの講義の振り返りと総括を意図した回です。はじめにスモ

図5-9　ドレミパイプによるペア奏の活動風景

ール（2011）のミュージッキングに関する文献講読を行った後，第1回から第6回までの活動内容を受講生の写真と動画とともに振り返ることのできる内容のスライドショーを視聴しました。

その後，野村誠の考案した「手拍子のロンド」（野村，2008：70）を行いました。これまでは，ファシリテーターが基本となるビートを出したり，スタートおよびストップの合図を出して行う即興演奏でしたが，これはそういった合図が全くないノーファシリテーションでの即興演奏となります。この体験は，受講生にとって自分たちだけで一つのパフォーマンスを作り上げられたという自信につながっていきました。

[8] 第8回

本時は，受講生同士による学びのシェアです。レポート課題の回答を持参し，グループ内で自らの考え，感想をシェアし合う活動から始めました。これは，同じ空間で共同して音楽を作り上げてきた他者が，その活動をどう意味付けたり，とらえたりしているのか，それぞれの場面でどのようなことを感じていたかを改めて共有するためです。その後，ノーファシリテーションでのドラムおよび声による即興演奏を行い，講義を終了しました。

● 3-3 学習の評価

受講生の評価は，振り返りワークシート（1回10点満点×8回＝80点），最終レポート（20点満点）で行いました。講義を開始した2013年度から2年間は，ワークシート，レポートいずれの評価も筆者自身の主観で行っていましたが，2015年度からはそれぞれにルーブリックを作成し活用しはじめました。ルーブリックの効果は大きく，評価基準を受講生に明示することで，記述の質が高まり，筆者自身も評価が行いやすくなりました。また，当初から一貫している音楽の演奏自体では評価を行わないというスタンスは，功を奏していると考えます。演奏自体を評価しようとすると上手／下手などの優劣の概念が生まれやすく，即興演奏そのものに集中できなくなると考えるからです。

最終レポートの課題は，以下4項目についてそれぞれ300字以上で記述することを課しました。

①本講義で最も印象に残っている活動とその理由（複数の活動をあげてもよい）。
②他者とともに即興演奏することの意味や効果とは何か。本講義での体験をもとに考察する。
③本講義を受講して，音楽の捉え方に変化があったかどうか。あったとすればどのように変化したかを記述する。なかった場合には，音楽をどのように捉えているかという自らの音楽観について記述する。
④本講義での最大の学びは何だったか（複数回答可）。そして，その学びは今後どのように生かしていけるかについて記述する。

● 3-4　受講生による授業評価の結果

受講生による授業評価（筆者が担当した後半 8 回分を対象としたもの）は，講義最終回に以下 7 項目で実施しました。

①シラバスは，授業の目標や計画及び評価方法を適切に示していた。
②授業は目的達成のため計画的に進められていた。
③授業担当者の教え方は適切であった。
④授業担当者は，学生が質問や相談をしやすい環境・雰囲気作りを行っていた。
⑤自分は，シラバスに記載された授業目標を達成することができた。
⑥自分は，この授業によって学習意欲が喚起された。
⑦総合的にみて，この授業は自分にとって満足できるものであった。

結果は，すべての項目で高い数値（5 件法で各項目の平均が 4.66 〜 4.97 点）に達しており，受講生の満足度はきわめて高いことがわかります。

4　授業化のためのヒント

● 4-1　学習効果を高めるためのポイント提言

[1] 柔軟な音楽観とファシリテーション力をもつ

本章で紹介したような音楽活動を行う場合，そのファシリテーターである教員に求められるものが二つあると考えます。一つ目は，柔軟な音楽観です。さ

まざまな音楽の在り方を優劣ではなく差異として捉えることのできる柔軟な音楽観をもっていることが必要です。教員の音楽観は，隠れたカリキュラムとして意図せずとも作用します。二つ目がファシリテーション力です。教えすぎることがなく，かといって受講生の主体性に任せるという名の放任ではないかかわり方が必要です。

[2] 体験の言語化を急がない

　開講初年度（2013年度）は，講義の最後の10分を使って，その場で振り返りを記入させていましたが，受講生から「うまく言葉にできない」という声が多く寄せられました。そこで2014年度からは，谷美奈（本書第6章の執筆者）らのアドバイスもあり，講義中にメモ程度に感想を書きとめ，グループ内のメンバーと話し合い，それをもとに各自が復習課題という形で文章化して，数日後にLMS上で提出することにしました。これは功を奏し，時間を置くことで自らの音楽体験を客観視し言語化することができるようになりました。

[3] 最小限の楽器をそろえる

　楽器を一通りそろえてから活動を開始するのはなかなか難しいことだと思います。筆者は10年前からグループ即興演奏のワークショップを行ってきましたが，活動当初は，ボディ・パーカッションと手作り楽器をつかって行っていました。ボディ・パーカッションでは，本章で紹介した筑波大学附属小学校の事例のようなリズムパターンをつくって演奏する手法，雨の音風景を身体から出る音だけで作る手法などがあげられます。歌の即興もメロディや歌詞を伴うものではなく，ハミングと「あ」の母音だけをつかって静かに声を合わせていく行為は，シンプルですが非常に美しい音楽が立ち現れる活動です。

　そういった楽器を使用しない活動も豊かな活動ですが，楽器という媒介があることで表現活動に参加しやすくなるというのも事実ですので，最小限の楽器はあったほうが良いと思います。かさばらず安価で良い音の出る楽器としては，レモ社のサウンドシェイプがおすすめです。非常に軽いので持ったまま踊りながら叩くことができ，受講生たちからの人気も高い楽器です。最小限，サウンドシェイプ，バスドラム（タンタンなど），ウッドブロック，ベル類，手作りの

シェイカーがあれば活動が始められると思います。しかしながら，フライパンや食器，バケツなど，工夫次第ではそれらを楽器として扱うこともできるかもしれません。

□ キーワード解説 □

①サウンドスケープ

作曲家マリー・シェイファーによって提唱された概念です。Landscape の接尾語に sound をつけた造語で，音の風景を意味します。音を聞くことの多様性，音と音楽の境界について示唆を与える概念として本講義では取扱っています。音を聞くというと，すぐさま音楽を聴くことを想定されやすいですが，音の風景を聞く，それも自らの身体を中心として全方向から聞くという体験は，シンプルですが音楽観を揺さぶる力強い体験となります。

②ドラムサークル

ジャンベなどのハンドドラムを主として用いるグループによる即興演奏の一つの方法。特定の音楽的スキルや読譜力などを必要とせずその場にいる人々ですぐに即興演奏できることが大きな魅力です。近年，関連書籍も多く出版されてきていますが，「ドラムサークルの父」とされるアーサー・ハル（2004），音楽療法士クリスティーン・スティーブンス（2004），打楽器奏者カラニ・ダス（2008）らのドラムサークル関連の著作や DVD は，明快でわかりやすくおすすめです。

③ワークショップ

ワークショップは，「参加体験型グループ学習」と定義されています（茂木，2010：p.9）。現在，ワークショップという名のもと豊富な実践が行われる中，立ち止まり，その内実，方法を再検討しようとする動きも出てきており，その研究成果は非常に示唆に富みます（茂木（2010），苅宿ら（2012）など）。本講義の実践もワークショップの手法をとっています。教員から学び手へという一方向ではなく，双方向のやりとりによって学びを得ていくスタイル，学ぶということよりも学びほぐすという学習観，ファシリテーターとしての教員のかかわり方など，参与型音楽の実践を行うにあたって示唆に富む蓄積がここにあります。

第5章　かかわりとしての音楽行為

■ リソース紹介 ■

①スモール，C.／野澤豊一・西島千尋［訳］（2011）．ミュージッキング―音楽は"行為"である　水声社

●才能ある一部の者がその他大勢に音楽を提供する今日の音楽状況に警鐘を鳴らし，ミュージッキングという概念を提示することで，自らの音楽行為についての省察を促す著作。スモール自身の分析や見解はもちろん述べられていますが，冒頭に書かれているようにその分析や見解自体を受け入れることよりも，読み手が本著を手がかりとして自ら問いを立て，その答えを探求することを求めています。読み手が現在の音楽状況に照らし合わせて読んだとき，その内容がより一層意味あるものとして理解できる著作といえるでしょう。また，翻訳者である野澤のコラム，西島の鑑賞教育に関する著作は，スモールの主張と共鳴する示唆に富む内容です。

②若尾　裕（2000）．奏でることの力　春秋社

●若尾は，「われわれの時代は音楽を奏でるより，聴くことのほうにより重点を置いてきてしまったのではないか」（p.195）として，奏でることの重要性と復権をテーマに話が展開していきます。「芸術領域の表現行為や創造性は，一部の天才のためのものだけではないという」（p.5）ということを「新しい芸術のあり方という土俵」（p.5）で議論するため，奏でることをテーマとしたさまざまな新しいアートの実践を紹介しています。教員自身が自らの音楽観を検討する際に有効です。

③茂木一司（編集代表）（2014）．協同と表現のワークショップ―学びのための環境のデザイン　東信堂

●ワークショップ関連の書籍は，多々ありますが，芸術を主として扱っている書籍はいまだ少数です。芸術，教育のいずれかに偏った内容ではなく，学びの場で芸術をどう取扱えるのかという可能性を提示してくれます。また，美術科教育を専門とする茂木による記述は，音楽との共通点が見いだしやすく非常に示唆に富みます。ワークショップの計画，実際，評価などが具体的に示されているため自らのプログラムを作り上げる際もブラッシュアップする際にも示唆を与えてくれる本です。

④野村　誠・片岡祐介（2008）．音楽ってどうやるの　ミュージシャンが作った音楽の教科書　あおぞら音楽社

●グループでいかに音楽づくりを行うかの具体的なアイディアが豊富におさめられています。冒頭に「いろんな立場の人が，いろんな形で音楽に参加する。この本は，「音楽」に興味のある全ての人が，音楽に参加していくためのガイドブックとして書いた」（p.3）とあるように，専門的な知識や特別な楽器を必要としない活動例が多数紹介されています。また，本書の随所で触れられている価値観の異なった他者といかに音楽を共有していくかという視点とエピソードは，さまざまなフィールドでさまざまな人々と音楽づくりを実践してきた野村だからこそ説得力を持って訴えかけてくるものがあります。

⑤シェーファー，R. M.・今田匡彦（2009）．音さがしの本―リトル・サウンド・エデュケーション［増補版］　春秋社

●サウンドスケープ論に基づき，音を聞いたり，考えたり，つくったりするための100のエクササイズが掲載されています。いずれの課題も平易な言葉で書かれており，特別な道具を必要とせずにすぐに実践できるものですが，取り組んでみると新たな発見や気づきをもたらしてくれる課題ばかりです。
　巻末には弘前大学教授・今田匡彦による大学教育，小中学校における実践をもとにした展開例も掲載されています。サウンドスケープを切り口として音楽そのものの根本を見つめ表現しようとするその取組みは非常に示唆に富みます。

⑥フリーデマン，L．／山田衛子［訳］（2002）．おとなと子どものための即興音楽ゲーム　音楽之友社	
●即興音楽ゲームの具体的な活動事例が豊富に紹介されています。本講義では，「雨降り雲（p.26）」，「リズムの環（p.33）」を実践させていただきました。「訳者まえがき」にもあるように，一読しただけではゲームの進行を把握することは難しい課題が多いですが，想像力を働かせ読み解き，実践してみると実に魅力的な活動であることがわかります。	
⑦ハル，A．／佐々木薫ほか［訳］（2004）．ドラムサークル・スピリット　エー・ティー・エヌ	
●ドラムサークルの父と呼ばれるハルの著作。ドラムサークルのコンセプトから実施に至るまでが書かれており，ドラムサークルを実施するに必要な情報が網羅されています。ただし，ドラムサークルの体験がないと理解することが難しい部分がありますので，ドラムサークルのファシリテーションについて学ぶ体験型の研修を受講することをお勧めします。世界各地で受講できます。	

【引用・参考文献】

上田信行（2009）．プレイフル・シンキング　宣伝会議
カラニ・ダス／長坂希望［訳］（2008）．ドラムサークルファシリテーターズガイド　トゥギャザーインリズム　エー・ティー・エヌ
苅宿俊文・佐伯　胖・高木光太郎［編］（2012）．ワークショップと学び1―まなびを学ぶ　東京大学出版会
熊木眞見子・中島　寿・高倉弘光（2004）．子どもの豊かさを培う共生・共創の学び―筑波プラント実践　東洋館書房
シェーファー，R.M．／今田匡彦（2009）．音さがしの本―リトルサウンド・エデュケーション　春秋社
スティーブンス，C．／石井ふみ子［訳］（2004）．アート・アンド・ハート・オブ・ドラムサークル　エー・ティー・エヌ
スモール，C．／野澤豊一・西島千尋［訳］（2011）．ミュージッキング―音楽は"行為"である　水声社
トゥリノ，T．／野澤 豊一・西島 千尋［訳］（2015）．ミュージック・アズ・ソーシャルライフ―歌い踊ることをめぐる政治　水声社
野村　誠・片岡祐介（2008）．音楽ってどうやるの　あおぞら音楽社
ハル，A．／佐々木薫ほか［訳］（2004）．ドラムサークル・スピリット　エー・ティー・エヌ
フリーデマン，L．／山田衛子［訳］（2002）．おとなと子どものための即興音楽ゲーム　音楽之友社
茂木一司（編集代表）（2010）．協同と表現のワークショップ―学びのための環境のデザイン　東信堂
三宮麻由子（2007）．そっと耳を澄ませば　集英社
山本美芽（2002）．リンゴは赤じゃない　新潮社
若尾　裕（2000）．奏でることの力　春秋社

第6章
パーソナル・ライティング
考える〈私〉，それを育む「エッセー」という考え方

谷　美奈

1 メッセージ・テキスト

〈人間〉の尊厳をとり戻す起点として

> 人間はひとくきの葦にすぎない。自然のなかで最も弱い存在である。だが，それは考える葦である。彼をおしつぶすために，宇宙全体が武装するには及ばない。蒸気や一滴飲む水でも彼を殺すのに十分である。だが，たとえ宇宙が彼をおしつぶしても，人間は彼を殺すものより尊いであろう。なぜなら，彼は自分が死ぬことと，宇宙の自分に対する優勢とを知っているからである。宇宙は何も知らない。だから，われわれの尊厳のすべては，考えることのなかにある。──Blaise Pascal, *Pensées*.

● 1-1　言葉と人間の関係性

　自己省察としての文章表現「パーソナル・ライティング」（エッセー）の教育実践は，現在，多くの大学で試みられているアカデミック・ライティングや，コミュニケーション技法としての文章表現とは，おそらく似て非なる質のものであるということができます。端的にいえば，それは「文章表現者としての主体形成」を重視するプログラムだからです。

　今日の文章表現は，一つの隘路にさしかかっているのではないでしょうか。19世紀以降，国民国家の形成に寄与してきたのが活字文化の成果といえますが，それらは近々20年間のデジタル技術と情報史観が支配的になることによって，いまや烏有に帰そうとしているようにもみえます。プリント・キャピタリズムからハイパー資本主義へのこの転換を，かつて1960年代にマーシャル・マク

ルーハンはメディア論を軸に予言していました（『人間拡張の原理―メディアの理解』1967年,『グーテンベルグの銀河系』1968年）。しかし，脱近代化の時代に生きる私たちは，マクルーハンほどには楽観的にもなりそうにありません。なぜなら，そこでは言葉と人間の関係の根本的変化が予測されるからであり,「人間は考える葦である」という箴言以来の〈人間〉という概念を，書き換えねばならない事態に直面していると感じるからです。

「私はこのように考える」→「なぜそう考えるのか」,「私はそのように感じない」→「なぜそう感じないのか」というような，人間が公共的な場（間主観性）に出ていく起点としての主観を無化してしまうような，そのような傾向に知らぬうちに私たちは置かれているのかもしれません。そのことによって，システム的に構築された没主体の集合としてのポストモダン社会が現出しようとしているのかもしれません。そこで幅を効かせうるのは，たとえば「内閣支持率」「視聴率」「実売部数」「アクセス数」といった数値的な指標によって計量化される擬似民主主義的な手法であり，その動向を左右するのは，もっぱら「KY」（空気を読め）的な同調圧力や感覚的イメージなのかもしれません。そして，そこにおいて根本的な変化に晒されるものの一つが言葉と人間の関係性にあると考えるのです。

● 1-2 〈私〉を基点として

近年,「学生の文章力低下」がしばしば指摘されています。ですが，そのことが若い世代のテクニカルな意味での文章能力の喪失という意味に限定されているとするならば，問題を矮小化する謗りを免れられないのではないでしょうか。その原因を学生側に求めるとするならば，むしろ〈自己〉と〈世界〉の双方にわたる認識の基点としての〈私〉がうまく機能していないということに問題の所在があると筆者は考えています。学問的思考様式に求められるものが，自己認識にせよ世界認識にせよ対象に向き合う意識であるからには，対象を観察し，客観視しうる〈私〉（＝自己）が無ければなりません。しかし，このような基点となるべき〈私〉は現代において駆動しにくくなっていると考えられます。なぜならば，それは個々の人間（学生）の資質というよりは，その形成過程を規定する「環境」の問題であり，現代社会のさまざまな複合的な要因によっても

たらされるものであるからです（たとえば，イヴァン・イリイチ『生きる思想―反＝教育／技術／生命』1991年，ジャン・ボードリヤール『シミュラークルとシミュレーション』1984年など）。

　さらに，現代社会では「個の尊重」が叫ばれ「自己実現」ということが称揚されていますが，それは自己決定・自己責任と表裏一体であり，同時に「空気を読む」ことが賢明な生き方であるように奨励されるなど，矛盾した様相があります（たとえば，土井隆義『「個性」を煽られる子どもたち 親密圏の変容を考える』2004年，『友だち地獄「空気を読む」世代のサバイバル』2008年など）。声高な〈自己〉尊重とは裏腹に，〈私〉は近代文学の中でのみ想定可能な，すでに終焉した物語として扱われています。このような〈私〉の扱い方自体が一種の特殊な現代的イデオロギーとなってしまった感があるのではないでしょうか。「表現意欲はあっても，文章がうまく書けない」という悩みは，この〈自己〉と〈私〉のねじれという難題を前に行き暮れる現代の若い世代に固有のものなのかもしれません。

　これらの問題に対して，認識の起点としての〈私〉を起ち上げること，〈私〉と他者とのあいだの差異を認めること，〈私〉の impression を分節化すること……といった作業，すなわち「パーソナル・ライティング」（エッセー）が求める言語的思考表現が有効なプラクティスとなり得ると考えています。

　人間は不幸にして，「私とはなにか」「いかに生きるのか」を考えずには生きられない存在です。いかに生きるかを自問する言説はしばしば「人生観」などと呼ばれますが，それもまた自己認識を対象的に言表するところに成立するものです。他者と相渉るための「社会観」についても同義のことがいえます。社会は，人間の同一性ではなく不同性を前提として他者と主観を擦り合わせる場です。人間はそこでは，自己評価とは異なる外部評価に〈私〉を晒すことなしに，公共的な相互了解に達することができません。そのため，「私はこう考える」「私はそう思わない」が，了解するに至るプロセスの起点に〈私〉が置かれなくてはならないのです。そこでは，〈私〉という存在の自己に対する関係意識は，世界に対する関係意識の鏡となるでしょう。これらの人生観や世界観，さらには言語観や歴史観などを形成するのに不可欠な言語的思考や批判的知性を育むことこそ，大学教育に課されたベーシックで本来的な教育の使命ではない

でしょうか。

● 1-3「考える葦」としてのパーソナル・ライティング

　以上のような考えにもとづくことから、「パーソナル・ライティング」の教育実践は、学生の自己認識の基点を構築することを第一の目標としています。それはまた、「情報とはちがう言葉」を目指す教育実践だとも言い換えることができます。要点を挙げれば、自己省察（内面の掘り下げ、とらえ返し）に主眼を置くこと、およびたんなる作文ではなく作品をめざすことです（作品化）。ここでの作品とはレポートや小論文でも、小説などのフィクションでもなく、文章ジャンルとしての「エッセー」です。文芸学上はさまざまな定義が存在するエッセーですが、ここで扱う場合には「自己省察的な文章」をさします。書くという記述行為が自己を深く省察することと同意義ととらえ、最終的に作品としてのエッセーへと文章を結実させるのです。

　学生はあくまでも自己を起点に、自らの内面にある感情や思い、記憶や体験を言語化します。それは、自分の記憶や体験をただ再現的に記述するのではなく、どのように（How）なぜ（Why）そう感じたのか、そのように振舞ったのか、書き手の現時点からあらためてその記憶や経験の「意味」を省察し、代替不可能な「固有の自己を発見する」という思考が要請されます。「パーソナル・ライティング」（エッセー）がたんなるテクニカルな文章作法と異にするのは、このことを揺るがせにせず学生に課してきた点です。それは、「人間は自己認識の深化に応じて、世界認識の射程を拡張できる」と考える人間観に基づくものだからです。さらに、学生たちは粘り強い推敲のプロセスをふんで作品化をはかります。同時に読み手である他者に向けて自作を差し出すことによって、文章表現としてのサイクルは完結します。この過程において教員との対話やグループワークでの相互批評、自作朗読やZINE（同人誌）発行といった作品発表が平行して行われます。

　このような実践において、現代学生の特徴として指摘されがちな「文章力低下」はもとより、「学びのモチベーションの空洞化」「コミュニケーション能力の未熟さ」「自己認識や社会認識の未確立」などといった傾向への対処としても、ある程度の道筋をつける効果をもたらしています。「ある程度」というのは、文

章能力には，もともと個人差があり，わずか半年や一年の間で一挙かつ即効的に結果が得られる事柄ではないからです。しかし，学生各人のそれぞれの個性に即してという留保をつけるなら，かなりの程度で「文章表現者としての主体形成」の端緒をつかんだ実例を目にしています。

今日，私たちは生き難い悩みに直面したとしても，情報ネットワークにアクセスすることによって孤独な煩悶から解放されつつあるのかもしれません。知識を得たければ，情報は山のようにあります。それを切り貼りすることで自らの主張を掲げることもできるでしょう。けれども，そのような便利な恩恵と引き換えに，自分の内にタメ（溜め，貯め，矯め）をつくり，それにもちこたえ，それを十分に温めたうえで他者に向けて言葉を発する，そのような，他者とつながろうとして辛抱強く悩みぬいた末の言葉や表現を私たちは失いかけているのかもしれません。それは時代の流れに抗う考え方なのかもしれません。ですが，パスカルの時代も今日の私たちも心の底で自問し続けてはいます。「人は何のために生きるのか」「世界とはなにか」を，すなわち人生観や世界観としての言葉を。今日のような羅針盤のない時代においてこそ，「パーソナル・ライティング」は，「考える葦」としての〈人間〉の尊厳をとり戻すささやかな起点となりえるのではないか，と筆者は考えるものです。

2 学習の意義

● 2-1 日本の大学における文章表現教育の現状と課題

近年，わが国では，ほとんどの大学でアカデミック・ライティングに関する科目が設置されています。これらにみられる多くの特徴は，学士課程教育としてのレポートや卒業論文作成を前提に，専門学術的な知識やスキルの提供を教育上の有用性と考えているところにあります。一方で，文章表現教育の今後のあり方についても，課題は大きいとされています。

たとえば，井下千以子（『大学における書く力考える力 認知心理学の知覚をもとに』2008年）は，そのような文章表現教育の変遷を黎明期・普及期・転換期・発展期と分類し，現在は転換期から発展期の段階であるとしており，大学における「書く」ということがこれまでの受身的で技術的なものから，「書く」と

いうことがそもそも学生，あるいは人間にとってどのような意味をもつものなのか，といった根源的な問いと向き合うことで，その具体的な試みを大学教育に位置づけるべき時期に来ているとしています。すなわち「書く力」とは，文法知識や文章作法を基礎とするテクニカルな能力を磨くだけでなく，言葉で思考し，言葉に表現することを通して自己を認識する，内的にして知的な行為が「書く力」であり，またそれを文章として具現化する力そのものであると述べています。

文章表現教育がテクニカルな意味における文章指導に限定されているとするならば，その現代的意義は見失われると筆者は考えています。言葉で思考し表現することで自己を認識する，そのような教育をどのように学生に経験させることができるのでしょうか。日本の大学における文章表現教育の今日的課題の一つです。

● 2-2 米国の大学における文章表現教育と「パーソナル・ライティング」への着目

一方，米国の文章表現教育の動向に眼を向ければ，伝統的なアカデミック・ライティングの基盤教育と捉えられる，新しいタイプの文章表現教育 Personal Writing（Journal Writing あるいは Writing などとも呼ばれる）はすでに 1990 年頃から本格的に広がり，現在では，大学の種別を問わず多くの大学（プリンストン大学，ニューヨーク市立大学，ペンシルバニア大学ほか）で取り組まれており，さらには，イギリス，カナダ，オーストラリアの大学でも実施されています。マサチューセッツ大学アマースト校のピーター・エルボウ（P. Elbow）教授らによって創出されたのが一つの起源で，「学生が真にアカデミックな言語や議論を獲得するには，最初にパーソナルな言語から始め，時間をかけて，その中から学術的なアイデアに出くわす必要がある。この過程があって，はじめて，学生は自らのアイデアを学術的な関心へと広げ，考えて書くようになる」と主張しています（Elbow, 1973：1981；Mlynarczyk, 2006）。学生，あるいは，そもそも人間にとって「書く」ということは，どのような行為でどのような意味のあるものなのか，この根源的な問題と向き合うことで，開発，実施されました。とくに，彼の理論に基づく Free Writing の実践は有名で，学生が自由に自分の感情や考えを出し，そこから何を書きたいのか，その「気づき」を生むことこそ

が，そもそもの「書くこと」であると主張しています。また，彼自身は自らのライティング教育の理念や実践を，Personal Writing と呼ぶよりも，「書くことの根本」という意味をこめて，シンプルに Writing とも呼んでいます。

エルボウ教授は，ハーバード大学で英語の博士号を取得後，MIT などを経て，現在は，マサチューセッツ大学アマースト校教授としてライティング・センターを指揮しています。主著には "*Writing without teachers*" や "*Writing with power*" などが有名です。

また，国内で同種の教育実践としては，筆者が帝塚山大学で実践する，自己省察としての文章表現「パーソナル・ライティング」（エッセー）の教育実践が挙げられます。（本章では，米国におけるパーソナル・ライティングは，アルファベットで Personal Writing と表記し，筆者の実践しているパーソナル・ライティングは，鍵括弧つきのカタカナで「パーソナル・ライティング」と表記し，区別をつけます）。

「パーソナル・ライティング」は，筆者の前任校である京都精華大学の教育実践「日本語リテラシー」の取組みの特徴をより顕在化するため，独自に手法を凝らした教育実践です。その手法を具体的に挙げれば，自己省察（内面の掘り下げ，とらえ返し）に主眼を置くこと，および単なる作文ではなく作品をめざすこと（作品化），文章ジャンルとしてのエッセー，などにあります。さらに「推敲」「自作朗読発表会」「作品合評会」「ZINE 制作のためのグループワーク」などの活動を含むプログラムの開発と実践を行いました。その結果，学生には粘り強い推敲の習慣が身につき，読み手を意識した他者・社会性のある文章表現が実現されました。これはたんに文章作成の技術の向上にとどまらず，文章をとおした表現行為を「他者と交換し合う」ことに目標をおくことで達せられた成果だと考えています。そうした交換を可能とした表現者相互の関係づくりによって，作者としての学生〈自己〉が〈他者〉に開かれた存在へと変容し，「学びの主体」へと形成されていく教育実践だと考えています（谷，2013；2015）。

● 2-3 Personal Writing と「パーソナル・ライティング」の共通点と相違点

Personal Writing と，「パーソナル・ライティング」とを比較してみれば，その共通点は教育理念にあるということがいえます。背景には，近年の高等教育実践において指摘されがちな，〈私〉と専門学術的なテーマとの著しい乖離があ

ります。アカデミック・ライティングは，ロジックを介し説得に努め一般化に到達することが目的であるのに対し，Personal Writing および「パーソナル・ライティング」は，プライベートで自分自身に近い言語のライティングであり，出来事の意味とつながりをみようとしています（Mlynarczyk, 2006）。学生にとって，前者は外在的で形式的な，こなされるべき義務となりやすく，これに対して，後者は「書く」ことが学生の内発的な学びや動機のきっかけになることを目指しているのです（Elbow, 1973 ; 1981 ; Mlynarczyk, 2006 ; 谷，2015）。

　相違点は，ライティングの実践方法と目標設定にあります。Personal Writing は，Journal Writing や Free Writing に代表されるように，学生自身の発想を大切にし，それらを比較的自由に記述することを実践の中心にすえています。一方，「パーソナル・ライティング」は，学生の発想を大切に自由に記述させつつも，学生の「独自のものの観方」あるいは「（代替不可能な）固有な自己を発見する」といった「省察的な思考」に，重きをおくことが特徴的です。学生は，この思考の要請（＝「掘り下げ」「とらえ返し」）によって，粘り強い「推敲」を実現するようになり，最終的には「作品化」を目指すことへとつながっていきます。「パーソナル・ライティング」が，たんなるテクニカルな文章作法と異なるのは，この点を揺るがせずに学生に課してきた点にあります。それは「人間は自己認識の進化に応じて，世界認識の射程を拡張できる」と考える人間観に基づくものだからです。

3 アクティブ・ラーニング事例

● 3-1　授業の流れ

　授業は，前後期各15週ずつあり，それぞれ4つのクールが設定されています。半期ごとの選択授業ですが，学生には通年で履修することを推奨しています。1クールにつき一つの課題テーマが出され，クール内に一本の作品を完成させます。したがって，半年間に一人の学生は4本以上の作品（各1,000字～1,600字程度）を書くことになります。

　前期は，おもに自分の記憶や体験のなかから場所・人物・感情にまつわる素材を探し出して書き，自己認識を深めて「〈私〉の発見」に至ろうという意図が

表 6-1　大学生のための文章表現「パーソナル・ライティング」(エッセー)

授業科目	大学生のための文章表現「パーソナル・ライティング」(エッセー)
対象学生	人文学・社会科学系学部の 1 回生 (2〜4 回生も若干名含む) 3 クラス 受講人数の合計は前期 56 名・後期 58 名
到達目標	①日常的な出来事や生活体験における感覚の感受を掘り下げ，経験の意味をとらえ返しすることができるようになる。 ②あらかじめ書き手にとって明確な認識をそのまま記述するのではなく，頭の中や胸の内にある未定形であいまいな思いに言葉を与える。それにより，書き手は自分がどのような感受性や価値観をもつ人間かを確認することができるようになる。 ③確かめられた言葉や表現を他者とのあいだで交換する。「他者へ伝える」ことを意識し，また，他者の言葉や表現を読みとろうと努力する。これが他者に対する関心や社会・時代への関心につながり，専門課程の学びやキャリアへと接続する。同時に「表現者としての主体形成」が実現される。
アクティブ・ラーニングの方法	①ライティング実習の基本形として，［ワークシート作業→メモ作り→下書き→推敲］の四つのステップ。 ②教員との対話，ピア推敲，ピアレビュー，自作朗読発表会や Zine 制作（文集制作のための編集会議）など。
学習評価の方法	①出席評価　30 点 ②課題評価　70 点

込められています。後期は〈私〉を起点にしつつも，やや遠隔対象の位置にある言葉・魅力・感覚を素材にして，それらと〈私〉との関係を書こうとしました。

　毎週の授業として，授業の前半部分を講義，後半部分を実習として実施しています。講義では，そのクールの課題テーマに関する解説や目標が提示され，教員や前年度までの学生が同一テーマで書いた作品がサンプルとして紹介されます。また，文章表現上の留意点や勘どころについてのレクチャーが行われます。さらに，前クールの講評や佳作の発表も実施しています。実習では，ワークシートを使って課題テーマに対する各自の題材を考えたり，メモ作りや下書き，推敲を行います。この［ワークシート作業→メモ作り→下書き→推敲］という四つのステップが，1 クールでの実習の基本形となります。実習の作業中に，教員は学生に個別的に声をかけて進捗状況を確かめたり，学生からの相談も受け，サジェスチョンを与えます。また，前クールの提出課題が教員による添削・コメントを付して返却されます。

このように講義と実習のプロセスを3-4週間かけて作品完成・提出の運びとなりますが，実際には作業速度や執筆に要する時間に個人差があるため，授業時間外も含めた作業のうえで提出する学生がほとんどです。キャンパス内には「学習支援室」と呼ばれる学びの支援スペースが設けられており，授業時間外に訪ねてきて教員に内容や書き方を相談する学生も少なくありません。

　このように，「パーソナル・ライティング」の授業実践は「対話的」な方式を援用しつつ，少人数制の授業や個人面談，文章添削（＝批評）を実施することが特色となっています。そして，教員の大切な役割は，何よりも学生作品の最初の読み手となることにあります。一人ひとりの「言いたいこと」がどんなことで，どのような書き方でそれが綴られているかを確かめ，書き手の気持ちに寄り添いながらその文章表現に応答する点にあります。

● 3-2　前期の授業内容

　前期の全体テーマは「記憶に残っていること」とし，これに関連した四つの課題テーマを出題しました。本授業のシラバスにも掲げたサブタイトルである「〈私〉の発見」に即したラインナップとして案出したものです。各クールの課題テーマは，第1クール「私がいた場所／私の居場所」，第2クール「こころに残る人」，第3クール「そのときの感情（きもち）」，第4クール「私ハコウイウ人間デアル／コウイウ人ニ私ハナリタイ」です。

　最初の三つは「記憶に残っていること」の場所篇・人物篇・感情篇という位置づけにあります。また，最終クールではキーワードを自己形成・自己認識・自己理想とし，記憶の中のさまざまな自己について書いた第3クールまでの取り組みの集大成をめざして，自分についての再認識を試みる自己省察的な課題に挑むことにしました。むろん，「〈私〉の発見」に対応したものであり，全体テーマの構成は，「自己省察を深めることが世界への関心の射程を伸ばす」という「パーソナル・ライティング」の教育理念に立脚したものです。

　授業内容で重視したのは，上記の課題テーマに反映する理念とともに，「パーソナル・ライティング」の書法でした。これは手書き・縦書き・原稿用紙という反デジタル的な書き方と，［ワークシート作業→メモ作り→下書き→推敲］という四つのステップ（＝4S）を踏んで作品として仕上げることを重視したも

のです。

　文章表現は他の表現ジャンル（芸術表現や身体表現など）と同様，他者（読み手や鑑賞者，批評者など）の存在を前提とすることにあります。一つの作品として読み手の前に差し出し，熟読されるところまでが文章表現の射程であると考えています。しかし，このことはしばしば曖昧にされがちです。言葉を用いる点で日常会話やコミュニケーションと近似しているため，おおよその意図が書かれていればよいと考える傾向が学生にはあるからです。ましてや，メールに典型的なデジタル書法が広く浸透しつつある現代社会では，このような誤解・

表6-2　前期授業プログラム

クール／日程	課題テーマ	授業内容
第1クール（3週間）	【課題】「私がいた場所／私の居場所」「記憶に残っていること」の場所篇 【キーワード】場所／ブリコラージュ／往路と復路 【目標・ねらい】（1）最初の1本を「パーソナル・ライティング」の実習方法で書いてみる，（2）「パーソナル・ライティング」の理念を浸透させる＝動機付け，（3）「パーソナル・ライティング」の書法（手書き・原稿用紙・縦書き，マラソン的作業と推敲）に慣れる＝習慣付け 【字　数】1000字程度 【配　点】10点満点	【講義1】教員の自己紹介／ガイダンス／評価方法と授業ルール説明／第1クール課題告知／アンケート配付 【実習1】学生の自己紹介／アンケート回収 【講義2】教員サンプルの紹介……「ヌードのある家」／文章表現の前提（ブリコラージュ・エッセイ・ペンネームについて）／学生サンプルの紹介4本 【実習2】ワークシート作業→メモ作り／学生サンプルの紹介2本 【講義3】文章表現の前提（書き言葉と話し言葉・文章表現はマラソンである・推敲について）／原稿用紙の使い方／学生サンプルの紹介2本 【実習3】下書き→推敲
第2クール（3週間）	【課題】「こころに残る人」「記憶に残っていること」の人物篇 【キーワード】人物／シチュエーション 【目標・ねらい】（1）第1クールでもくろんだ「動機付け」と「習慣付け」の定着をめざす，（2）シチュエーションを工夫する（基本情報をしっかり盛り込む／ヤマ場を生き生きと具体的かつ丁寧に書く） 【字　数】1000字以上 【配　点】15点満点	【講義1】第1クールを終えて／第2クールの課題説明／学生サンプルの紹介3本 【実習1】教員サンプルの紹介……「分からんおんちゃん」＝店のお客さん／ワークシート作業→メモ作り 【講義2】第1クール講評／佳作発表（3篇，自作朗読大会）／佳作の感想記入 【実習2】メモ作り→下書き／第1クール添削返却 【講義3】学生サンプルの紹介2本／「推敲は文章表現の要である」推敲の理解のための教材……中島敦『学陵』，村上春樹『1Q84』 【実習3】下書き→推敲

表 6-2　前期授業プログラム（続き）

クール／日程	課題テーマ	授業内容
第3クール（4週間）	【課　題】「そのときの感情（きもち）」「記憶に残っていること」の感情篇 【キーワード】感情／大きな推敲 【目標・ねらい】掘り下げ（How）ととらえ返し（Why）に取り組む 【字　数】1400字以上 【配　点】20点満点	【講義1】第2クールを終えて／第3クールの課題説明、映像音響資料……美空ひばり「悲しい酒」、ザ・フォーク・クルセダーズ「悲しくてやりきれない」／学生サンプルの紹介3本 【実習1】ワークシート作業 →メモ作り 【講義2】教員サンプルの紹介……「アンハッピー・ドラッグ」／学生サンプルの紹介2本／掘り下げととらえ返しについて／朗読コーナー……村上春樹「七番目の男」 【実習2】メモ作り →下書き 【講義3】第2クール講評／佳作発表（3篇, 自作朗読大会）／佳作の感想記入 【実習3】下書き／第2クール添削返却 【講義4】こうやって推敲する（実演）／推敲実践講座（ツッコミと自問自答）教材……司馬遼太郎「二十一世紀を生きる君たちへ」草稿（推敲原稿） 【実習4】推敲
第4クール（4週間）	【課　題】「私ハコウイウ人間デアル／コウイウ人ニ私ハナリタイ」 【キーワード】自己形成・自己認識・自己理想／自我像 【目標・ねらい】（1）前期の集大成，（2）下書きを書き切ったうえで推敲にしっかり取り組む 【字　数】1600字以上 【配　点】25点満点	【講義1】第3クールを終えて／第4クールの課題説明，教材……小林秀雄『ゴッホの手紙』，ヴィンセント・ヴァン・ゴッホの自画像集／学生サンプルの紹介2本 【実習1】ワークシート作業 →メモ作り／個別面談の日程相談 【講義2】教員サンプルの紹介……「プライドのさじ加減」／「自画像＝自我像について」教材……河邑厚徳『藝大生の自画像　四八〇〇点の卒業制作』，スライドショー『髙島野十郎画集』／学生サンプルの紹介2本 【実習2】メモ作り →下書き 【講義3】第3クール講評／佳作発表（3篇, 自作朗読大会）／佳作の感想記入 【実習3】下書き／第3クール添削返却 【講義4】前期のまとめ／学生サンプルの紹介2本／アンケートタイム 【実習4】推敲

無理解は広く浸透しているように思われます。このような趨勢に棹さしていては、〈書く〉こと〈読む〉ことが〈考える〉ことに等しいような、本来求めなければならない文章表現の確立はおぼつかないのではないかと考えます。

そこで、授業のスタート時に「パーソナル・ライティング」の標榜するものを「作文から作品へ」の移行であると強調するとともに、ここで書く文章ジャンルを「エッセー」と規定し、他者の熟読に供することができようペンネームの採用（実名・筆名を問わない）を促しました。クール制を採用したのも、1本の作品を仕上げるために四つのステップを踏んで十分に推敲してもらいたいからです。さらに各クールで学生の作品の中から佳作を選出し、筆者による自作朗読を行います。また、後期の最終クールでは、全員の作品を掲載したZine（同人誌）を発行することにしました。

このような試行を交えながら実施した前期の授業内容の詳細は、表6-2に掲載したとおりです。

● 3-3　前期の課題実習状況と評価および学生の自己評価

以上のような内容をインスパイアしつつ取り組んだ前期でしたが、その結果、提出された各クールの課題の評価分布は表6-3のように推移しました。

表6-3に明らかなように前期をとおして「A-」が右肩上がりに増加し、「B」は極少化を示しています。平均値はつねに「B+」であり、「A」は現われませんでしたが、全体に水準は高めで二極化やバラつきがなく、ほとんど格差のな

表6-3　前期授業プログラム

	1C	2C	3C	4C
A	0	0	0	0
A-	6	14 (+8)	16 (+2)	22 (+6)
B+	17	24 (+7)	28 (+4)	26 (-2)
B	30	18 (-12)	12 (-6)	8 (-4)
B-	3	0 (-3)	0	0
C	0	0	0	0
計	N=56	N=56	N=56	N=56

注）括弧内は前クールからの増減数

い帯域に固まっています。

　文章表現の成績評価では，評価者の主観を完全に排除することはできませんが，学生にもあらかじめ評価基準について告知しておきました。

> 評価基準……シチュエーション＋コンストラクション〈構成的工夫〉＋掘り下げ・とらえ返し（三つの重点＝3P）
> A　……作品の域に届いている（三つの重点に加え，プラスアルファもある）
> A-　……シチュエーション・構成が工夫され，掘り下げ・とらえ返しもある。
> B+　……シチュエーションと構成がともに工夫されている。
> B　……シチュエーションがひととおり書かれている。
> B-　……シチュエーションが十分ではない。
> C　……もっと前向きに取り組め！
>
> 評価方法……まず，100点満点のグラデーションに各作品の点数を落とし込む。おおよその評価が定まったら，課題テーマの難易や全体傾向もふまえつつ，今次クールでは何点から何点までを「A-」や「B+」などの帯域とするかを決める。

　前期において全体水準が持続的に上方に向かったのは，授業内容を効果的に伝え得た結果ともいえますが，学生の真面目な取り組みによるところも大きいと考えます。つまり，前期はモチベーションが途切れずに持続していたといえるでしょう。

　そして，前期の締めくくりとして学生たちに実施した「授業に対する学生の自己評価アンケート」の一部も記しておきたいと思います。学生には「この授業を通じて意識し上達したと思うこと」を挙げてもらいました。その上位五つは表6-4のとおりです。この結果からは，先に見た課題評価分布以外の変化を読み取ることができます。

　自己認識の深化と推敲の習慣化がトップに挙げられています。つまり，学生は「書く」という経験を通して〈私〉を考え，〈私〉をみつめる「自己のとらえ返し」を少なからず経験することができたといえます。また，他者（読者）を

表6-4 前期終了時の学生の自己評価（上位五つ）
―授業を通じて意識し上達したこと― N = 56

(1) 自己認識が深まった　80.5%
(2) 推敲の大切さを理解し推敲をするようになった　72.5%
(3) 読み手を意識して，伝えられるようになった　64.5%
(4) 文章を書く前にメモを作るようになった　60.5%
(5) 筆者の言いたいことを理解して文章を読むようになった　60.5%

意識した作品化という目的も自覚しつつあるということができるでしょう。

● 3-4　後期の授業内容

　後期（全4クール）はエッセー「○○と私」を共通テーマとし，前期のように自分の記憶・体験に題材を求める課題の延長ですが，主観の説明に重きを置いた前期より難度を若干上げて，自分の外にある遠隔対象と自分との関係をテーマに選びました。

　各クールの課題テーマは，実施順に「言葉の経験」「魅力を解剖する」「感覚を伝える」「自由課題（ただし，サブタイトルを「○○と私」とする）」の四つです。後期の課題は，「パーソナル・ライティング」の後期シラバスのサブタイトル「〈私〉と他者，〈私〉と世界をつなぐ言葉」の意図を体現するものです。言葉を換えれば，私たちは自分の記憶や体験から世界認識へと旅立ちます。そこにおいて学生は，たんなる〈主観〉から〈関係〉へと転轍することができます。主観はどこまでも相対的なものではありますが，関係は絶対的なものとして私たちを規定します。これが人間の根本の存在形態であると考えます。「○○と私」という後期全体テーマのフレーズは，主観（自己）から出発しつつ関係（世界）へ向かうべき私たちの観念のあり方の表象なのです。それはまた「人間は自己認識の深度に応じて，世界認識の射程を拡張できる」ものであると考える人間観にもとづいています。

　そして，その旅立ちの起点はあくまでも〈私〉にあります。私が対象（世界）ときり結び，対象から反作用を被り，変化するプロセスを「関係」として自覚的に捉えます。それが後期全体テーマ「○○と私」というフレーズに含意されているのです。つまり，○○という対象だけではなく，また「私」のみでもな

い、「○○と私」という、接続助詞の「と」に媒介される関係を表現する文章なのです。あるいはまた、○○を対象的にとらえ返すことによって、自己自身をも対象化する思考、つまり、自己を起点としつつ対象認識と自己認識をともに深めることをめざすものなのです。

とりわけ、後期の第1～第3の課題テーマは〈言葉〉〈魅力〉〈感覚〉です。これらはある意味では主観や自己の一部が、同時に自己の外部にある対象ともいえ、境界は一見不分明にあるといえます。だからこそ、前期以上に「掘り下げ」（＝主観の分節化）や「とらえ返し」（＝主観の再構成と、その意味すなわちものごとの本質に迫る）が求められるのです。

と同時に、ここで要請されるのが「批評」という態度でもあります。批評というコンセプトは、簡単にいえば「ものの見方」であり、「価値付け」ということになります。後期では「感想から批評へ」という問題意識を導入し、授業内容と課題遂行の両面から学生に解りやすい形でこのテーマを追求しようとしました。

もともと、文章ジャンルとしてのエッセーは、内容的にいえばどんな事柄を扱おうとも「○○と私」に収斂されます。逆にいえば、「○○と私」について書く文章ジャンルとして成立したものを、私たちはエッセーと呼んでいるといえるでしょう。この意味において後期の課題プログラムは、前期のトレーニングをふまえつつ、さらにいっそう本来的な意味におけるエッセー的文章表現をめざそうとするものでした。

後期の授業プログラムの詳細な内容は、表6-5のとおりです。

後期の授業実践では、前期において一定の実現をみた好循環を持続するとともに、「作文から作品へ」「文章表現者としての主体形成」をいっそう確固としたものにすることが求められます。そのためには、単純に前期のメソッドを反復するだけでは不十分であることは明らかです。たんに目新しいことをすればよいという問題ではないにせよ、なんらかの工夫を凝らす必要があります。そこで、「四つのステップ」や「三つの重点」の継続・徹底はいうまでもありませんが、「文章表現者としての主体形成」およびその「自立」をより本格的に追求するため、学生自らの手によってZINE（同人誌）を制作し、そのためのグループワークを実施することにしました。

第6章　パーソナル・ライティング　143

表6-5　後期授業プログラム

	課題テーマ	授業内容
第1クール（4週間）	【課　題】「言葉の経験」 【ねらい】後期課程へのウォーミングアップ 【目　標】(1) 書く感覚を取り戻す，(2) 取り上げた言葉の正確な引用と読み解き 【字　数】1200字以上 【配　点】15点満点	【講義1】後期ガイダンス（スケジュールとルールの確認，後期の全体テーマと目標），第1クールの課題説明／学生サンプルの紹介3本 【実習1】ワークシート記入 【講義2】課題に関するレクチャー①（引用について，タイトルについて，クサい文章にしないこと）／教員サンプルの紹介……「Bric à Brac　ガラクタという名の人生」／学生サンプルの紹介3本／ZINE（同人誌）掲載の自作批評文提出 【実習2】グループワーク①（自己紹介・役割分担の話し合い）／メモ作り 【講義3】前期第4クール講評／佳作発表（3篇，自作朗読大会）／佳作の感想記入 【実習3】グループワーク②（ZINE名の話し合い）／下書き 【講義4】言葉のチューニング 恋愛篇／課題に関するレクチャー②（まっとうな文章とひねった文章）／「小さな推敲」について（「削る」作業を中心に）／教材……ダリダとアラン・ドロン「あまい囁き」，蜷川幸雄「汝の道を歩め，そして人々をして語るにまかせよ」，原田宗典「御大切」 【実習4】グループワーク③（ZINEイメージ模索）／推敲
第2クール（4週間）	【課　題】「魅力の解剖」 【ねらい】おススメやお気に入りの対象の魅力を分節化する 【目　標】(1) 自分がどのように魅せられているのかを書く（シチュエーション），(2) 魅力を解剖し，他者に伝わるように書く（掘り下げ・とらえ返し） 【字　数】1200字以上 【配　点】15点満点	【講義1】第2クールの課題説明／感想から批評へ／教材サンプル……太田光「街の灯」 【実習1】グループワーク④（第1クールの作品合評会第1回）／ワークシート作業 【講義2】「魅力を解剖する」ための5か条／学生サンプル紹介3本／教材……松岡正剛『千夜千冊』 【実習2】グループワーク⑤（作品合評会第2回）／メモ作り 【講義3】第1クール講評／佳作発表（3篇，自作朗読大会）／佳作の感想記入 【実習3】グループワーク⑥（作品合評会第3回）／下書き 【講義4】教員サンプルの紹介……「La maison abandonée　ル・クレジオの家」／「魅力を解剖する」プロの文例3篇……加藤典洋「スピッツ ウサギのバイクの一走り」，内田樹「冬のソナタと複式夢幻能」，北方謙三「ガラスの鍵　ハメット」／教材……小林秀雄『考えるヒント』より「批評」 【実習4】グループワーク⑦（ZINEの細目話し合い）／推敲

	課題テーマ	授業内容
第3クール（4週間）	【課　題】「感覚を伝える」 【ねらい】感覚という不可視なものを言語化する 【目　標】(1) 五感に関わる記憶・経験・思い出を生き生きと書く，(2) 構成を工夫し，掘り下げやとらえ返しを追求する 【字　数】1200字以上 【配　点】15点満点	【講義1】第3クールの課題説明／感覚＝五感とは何か／学生サンプルの紹介3本／教材……般若心経，高橋源一郎『さようなら，ギャングたち』，芦原すなお『私家版 青春デンデケデケデケ』 【実習1】グループワーク⑧（第2クールの作品合評会第1回）／ワークシート作業 【講義2】教材……谷崎潤一郎『陰翳礼讃』／学生サンプルの紹介3本 【実習2】グループワーク⑨（作品合評会第2回）／メモ作り 【講義3】第2クール講評／佳作発表（3篇，自作朗読大会）／佳作の感想記入 【実習3】グループワーク⑩（作品合評会第3回）／下書き 【講義4】学生サンプル精読（2篇）／推敲の四つのポイント／教材……村上龍『料理小説集』 【実習4】グループワーク⑪（制作への話し合い）／推敲
第4クール（3週間）	【課　題】「自由課題」（ただし，サブタイトルを「○○と私」とする） 【ねらい】1年（学生によっては半年）の集大成として取り組む 【目　標】(1) 三つのポイント（シチュエーション／構成／掘り下げ・とらえ返し）を意識する，(2) 徹底的に推敲し，悔いを残さない 【字　数】1600字以上 【配　点】25点満点	【講義1】第4クールの課題説明／学生サンプルの紹介4本 【実習1】ワークシート作業　ZINE制作（各班） 【講義2】第3クール講評／佳作発表（3篇，自作朗読大会）／佳作の感想記入／ZINEの交換（配付） 【実習2】メモ作り→下書き／授業アンケート 【講義3】1年間のまとめ／教員のラストメッセージ／アンケート 【実習3】下書き→推敲

● 3-5　後期の課題実習状況と評価および学生の自己評価

　後期各クールの課題評価分布は，表6-6のように推移しました（合計は期限内提出数）。

　この分布によって後期を俯瞰すると，全体として前期ほどのレベルアップを実現しえていません。たしかに前期には登場しなかった「A」が，第1（3）・第3（2）・第4（4）と僅数生まれており，「A-」も増加しています。また，「B」も最終クールに至って0となっています。平均値は「B+」のままですが，全体としては，底上げされて「A-」化しうる傾向が読み取れると思います。ただし，数字以上に，教員の実感としては，ここにきて停滞感は拭えないものがあります。

表 6-6　後期課題評価分布の推移

	1C	2C	3C	4C
A	3	0 (-3)	2 (+2)	4 (+2)
A-	15	12 (-3)	17 (+5)	24 (+7)
B+	38	38 (0)	36 (-2)	30 (-6)
B	2	8 (+6)	3 (-5)	0 (-3)
B-	0	0	0	0
C	0	0	0	0
計	N=58	N=58	N=58	N=58

注）括弧内は前クールからの増減数

　原因はいろいろ考えられますが、毎クールの提出時の「感想メモ」を見ても、推敲して完成させる「作品化」のプロセスが、頭では理解できても現実には容易に身につかないものだったのではないでしょうか。これを補うものとして教員との「対話」によるサポートが位置づけられているのですが、それが十分に果たせなかったという反省があります。

　ただし、後期の締めくくりとして学生たちに実施した「授業に対する学生の自己評価アンケート」の結果からは、課題評価分布以外の変化を表6-7に読み取ることができます。

　自己認識の深化は、受講生全員が程度の差はあれ意識できたと答えています。推敲の習慣化や他者（読者）を意識した作品化についても、実際に行うことは難しかったと考えられる一方で、ほとんどの学生は少なくとも意識できたことであると考えています。つまり、学生は「書く」という経験を通して〈私〉を考え、〈私〉をみつめる「自己のとらえ返し」と、他者（読者）を前提にした作

表6-7　前期終了時の学生の自己評価（上位五つ）
―授業を通じて意識し上達したこと―　N = 58

（1）自己認識が深まった　100%
（2）推敲の大切さを理解し推敲をするようになった　92.5%
（3）読み手を意識して、伝えられるようになった　82.5%
（4）文章を書く前にメモを作るようになった　68.0%
（5）筆者の言いたいことを理解して文章を読むようになった　66.0%

品化を意識してできるようになったということができるでしょう。

このようにパーソナル・ライティングの教育実践は，文章表現を通して学生がどのような自己認識や対象認識を育んだかという「主体の立ち上げ」に問題が集約されているということができます。その実現を可能とするためには，教員と学生との「対話」(添削を含む)が，やはり大きな特徴の一つとなります。たとえば，添削は，あらかじめ用意された模範例や正解に照らし合わせて修正や評価をするものではなく，あくまでも学生の伝えようとすることを大切に受け取り，理解しようと努め，そのうえで他者にわかるよう表現する仕方や，本人も気づいていない展開の可能性を指摘することが基本となります。また，コメントをする教員は，学生の動機のあり方や自己・社会認識に関わる内容のアドバイスを授けるよう心がけることが肝心となります。

4 授業化のためのヒント

「パーソナル・ライティング」の授業実践内容の詳細は以上ですが，とくに試行的に導入したいくつかのコンセプトとそれに付随するキーワード，学習効果を高めるためのポイントなどを，何点かにわたって敷衍しておきたいと思います。

● 4-1　パーソナル・ライティングの核心は「作文から作品へ」

どのようにすれば，「パーソナル・ライティング」の受講モチベーションを高め，維持していけるのでしょうか。そのポイントを，「作文を書かされる」という意識から「作品を仕上げる」主体的意識へ近づくという点に求めようと考えました。「書かされる」のは，高校までの課程でもっぱら国語教育において課せられてきた作文の意識であり，大学において書く文章は卒業論文に至るまでそのようなものとは異質でなければならないと考えています。

大学のライティング教育では，文章表現と「表現」を謳っている場合がほとんどですが，これが真に「表現」となるためには，大学において〈表現者〉が育成されなければならないと考えています。〈表現〉とは換言すれば〈作品化〉です。作品は他者の存在を前提とします。他者の熟読や鑑賞を受けることとは，

表現主体に「倫理」的な態度を要求することでもあります。読み手に批評され，ときには酷評や黙殺をこうむる場面を経験する「恍惚と不安」に身を晒すことだといって過言ではないでしょう。

　このような意味での文章表現者としての自立，表現主体としての自己形成を促すために，授業の要所要所においていくつかの前提事項を説明し，強調しました。

[1] パーソナル・ライティングで書く作品は「エッセー」である

　1）「エッセー」とは　　この授業で書くのは散文ですが，散文には小説・随筆・ルポルタージュ・記事・レポート・論文・日記・書簡など，さまざまな文章ジャンルがあります。それぞれの文章ジャンルはその目的に応じて性格が異なりますが，「無ジャンルの散文」というものは（教育課程で「書かされる」文章は例外として）本来あり得るはずがありません。それゆえ，パーソナル・ライティングで書く文章を明確に「エッセー」と規定しています。

　エッセーは「随筆」とも訳されるため，文芸的要素がなければならないとか，逆にタレントやスポーツ選手などの著名人がものする軽い雑文と認識されがちですが，それは誤解です。エッセーは形式やボリュームが自由な散文であり，内容も身辺雑記やレビューから哲学的思索に至るまであらゆる文章を内包します。重要なのは，書き手の主観に立脚しつつもその射程が〈世界〉に及び，またどのような対象を取り上げようとも，それが書き手の唯一的存在としての自己を表現することにつながるものであると考えています。すなわち，深く〈書く〉という営みの本質に即した文章表現であり，この点においてフィクションとしての小説や科学的一般化をめざす論文とは異質の散文と考えるべきでしょう。

　2）授業実践への鍵　　パーソナル・ライティングで実践する文章表現は，まさにこのような意味におけるエッセーそのものであり，これを作品として読み手に差し出すことを明確に意識させることによって，「書かされる」意識からの脱却を図ろうとするものです。

　もちろんこれはパーソナル・ライティングの実践にとってとりたてて新しい問題ではなく，じつは「掘り下げ」，「とらえ返し」を行い，自己省察をするこ

と，あるいは自己論述ということを別様にいっているにすぎないのかもしれません。ですが，それを従来の「書かされる作文」的イメージから明確に区別して意識することが，ここにいう「作品」としての「エッセー」にほかならないのです。

[2] ペンネームを選び表現者としてリボーンする

1)「ペンネーム」とは　　受講者に強調したもう一つのことは，あらゆる作品化＝表現は顕名行為であるという問題です。これは，美術・建築・デザイン・マンガ・音楽・身体表現・スポーツなどジャンルを問わない事柄であり，文章表現も同様です。作者の固有名が冠されることによって表現は初めて作品となります。これは，「コピー＆ペースト」が横行し，二次創作が文化として称揚され，オープンコンテストを奨励する悪しきレフティズム（コピーレフト）が幅を効かせる状況に抗するためにも，顕名性を表現本質論として捉える必要があると考えるからです。

2) 授業実践への鍵　　自分の経験や記憶に取材して文章を書くパーソナル・ライティングでは従来，もっぱらプライバシー上の配慮から佳作発表や文集作成に際して「匿名」という選択肢を提供してきました。ですが，それでは顕名／匿名問題が表現論として考えられてはいません。

このような立場から，受講生には実名・筆名を問わず「ペンネーム」を選ぶことを提案しました。それは自己を匿すための措置ではなく，むしろ顕わすための積極的名乗りであり，表現者としてリボーン（再生）することを意味します。ちなみに前期第4クールでは，約半数（39／56名）の学生が筆名を使用しました。

● 4-2　往路と復路

パーソナル・ライティングの教育実践において最も肝要なことは，文章表現するために必要な習慣づけを行う点に尽きるといってもよいと思います。

情報通信環境の急速な変化，とりわけ電子メールの普及によって「書く」ことと「話す」ことの根本的な相違が見失われ，それが文章表現に多大な影響を

及ぼしていると考えられます。一言でいえば，時間をかけて推敲することを省いた「生煮え」の文章が横行し，さらにいえば，推敲という考え方やプロセス自体が閑却されようとしているのではないでしょうか。しかし，文章表現は多大な時間を要する作業です。そこでは推敲という行為が不可欠であり，何度も言葉を選び直したり入れ替えたり削ったりしながら考える迂遠な作業は避けられません。このプロセス自体が〈考える〉行為なのであり，文章表現は推敲することに等しいと断じてよいと考えます。

1) 四つのステップ　このことを身につけるため，パーソナル・ライティングでは1クールに約4週間を費やして作業するのですが，少なく見積もってもこの過程で，①ネタ選び（ワークシート作業），②構想を練るためのメモ作り，③下書き，④推敲，という四つのステップ（4S）が必要となります。ですが，実際には，このような時間とコストをかけた手続きの実践はなかなか身につきません。それはとりもなおさず無時間化・非身体化を指向する現代文明に逆行する行為だから，ということができるのではないでしょうか。

2)「往路」と「復路」　そこで提唱したコンセプトが，「往路と復路」という比喩です。マラソンや登山には行きと帰りがあり，その中間に折り返し点が存在する，というきわめて単純な指摘にすぎないのですが，しかし，往路がなくては復路も成り立たず，行きっ放しで戻って来ないと棄権・脱落になるのです。また，復路だけで成立するマラソンや登山というものもあり得ません。むしろ復路が最大の勝負どころであり，難関はそこにこそ待ち構えています。何事であれ時間のかかる作業において「やっと半分まで辿り着いた」と中間点を意識するのは，古今を問わず人間の知恵でもあります。文章表現もこのような考え方に立脚すべき営みだと考えました。

3) 授業実践への鍵　とくに推敲について，徹底したレクチャーと意識注入を行います。推敲に要する時間と労力は全作業の半分以上といってよいもので，「推敲＝復路」と考えるべきだと思います。必ずしもそのように規定したわけではありませんが，それでも推敲に対する学生の意識を少しは引き上げたと

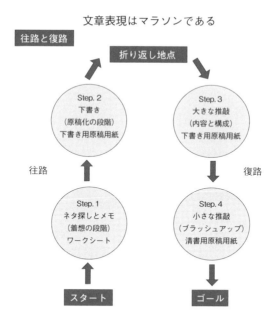

図6-1 文章表現はマラソンである

いえると思います。書いた直後に読み直して微修正するという程度ではなく，下書きを書き切ったあと数日以上の時間を置いたうえで，書き手とは別人格の読み手として文章と向き合うことが推敲です。このプロセスを省けば手抜きになってしまい，作品として未完成に終わるという考え方はある程度は浸透したといえます。

● 4-3 大きな推敲と小さな推敲

しかしながら，推敲とは何か，ということを明確にしなければ，これをたんなる誤字チェック程度の作業と思い込むのはじつは学生に限ったことではありません。

［1］「大きな推敲」と「小さな推敲」

大別すれば「大きな推敲／小さな推敲」とでもいうべき2種類のものが推敲

にはあると考えています。前者は文章の全体的要素，すなわちテーマとの照応，構成と展開，掘り下げやとらえ返しに関わる見直しです。後者は文章の細部の要素，すなわち個々のセンテンス・言い回し・語句のブラッシュアップ（磨き上げ），テニヲハや読点の位置などに関する点検と修正ということになります。「大きい」「小さい」という言い方は価値の大小を表わしたものではなく，「全体と部分」という意味にすぎません。これらの境界は不分明であり，どちらか一方を欠いても推敲として不十分なことはいうまでもありません。

　また，両者をあえて大別するのは，「大きな推敲」は文章の全体を俯瞰する「鳥の目」をもって行い，「小さな推敲」では細部を腑分けする「虫の目」を要するからでもあります。一つひとつの言葉を継次的に積み上げて構築する文章は，このような推敲を経ることによって初めて作品として定着し，読み手の閲読に供することが可能となります。一見面倒ですが，よく考えればこのような構築性はあらゆる表現行為が等しく背負う宿命でもあります。

[2] 授業実践への鍵

　このことが理解されにくいのは，やはり言葉をコミュニケーションツールとみなす現代的な言語観の通念が深く私たちに浸透しているからではないでしょうか。逆にいえば，推敲を粗略にしない態度は他者である読み手の存在を意識する証しでもあり，これをないがしろにすることは，親密圏の特定の相手に向けて行う日常会話やメール交換に文章表現が少しも変わらなくなってしまうことを意味しています。

　前期の授業では，まず「大きな推敲」を取り上げ，とりわけ掘り下げ（How）やとらえ返し（Why）をどう盛り込んでいくかにレクチャーの重点をおきました。推敲のときに自分で自分の文章にツッコミを入れる方法や，自問自答の一文を故意に挿入する方法を紹介し，「大きな推敲」をどう行うかの範例を提示しました。

■ リソース紹介 ■

①関西地区FD連絡協議会・京都大学高等教育研究開発推進センター［編］（2013）．思考し表現する学生を育てるライティング指導のヒント　ミネルヴァ書房
●大学におけるあらゆる文章指導に関して，具体的には何をどのように書かせるのか？　それをどのように指導するのか？　あらゆるライティング指導のための具体的な手引書．本書の中に，パーソナル・ライティングの具体的な指導事例や学生作品が掲載されています．（ただし「日本語リテラシー」という教育実践名で出版時は掲載されている．）
② Elbow, P. (1973). Writing without teacher. Oxford University Press.　および Elbow, P. (1981). Writing with power. Oxford University Press.
●米国における Personal Writing（Journal Writing あるいは Writing）はすでに1990年頃から本格的に広がっています．その創出者の一人であるマサチューセッツ大学アマースト校の Peter Elbow 教授の主著．彼の理論に基づく Free Writing あるいは Writing についての教育理念，教育実践方法などが詳しく書かれています．
③西　研・森下育彦（1997）．「考える」ための小論文　筑摩書房
●小論文は試験のために生まれたものではなく，なりよりも自分のモヤモヤとした考えを明確にするため，またそれを他者に伝えるために書かれるものだと主張しています．それはまた，「書く」ことによって自分をつかみ，思考を深めていくための哲学的な行為でもあると．パーソナル・ライティングの「掘り下げ」「とらえ返し」といった核となる思考方法についての考え方やヒントを本書によって見い出すことができます．
④加藤典洋（1996）．言語表現法講義　岩波書店
●言葉を書くということは，技法の問題だけでなく，自分と向かい合うための経験の場でもあると著者は主張しています．そして，「文の一生」という考え方を提示しています．これらの考え方は，パーソナル・ライティングの「推敲」や「作品化」「朗読発表」「ZINE制作」などといった教育プログラムを創出するための手掛かりとなりました．
⑤アウエルバッハ，E．／篠田一士・川村二郎［訳］（1994）．ミメーシス―ヨーロッパ文学における現実描写　筑摩書房　および　高田　宏（1984）．エッセーの書き方　講談社現代新書
●この二書は性質の異なるものですが，「「エッセー」とはそもそもどのようなもので，どういった文章ジャンルなのか？」を考えるための豊かな示唆を与えてくれます．パーソナル・ライティングとは，文章ジャンルとしてのエッセーである，と学生たちには説明していますが，その内実を説明する材料を提供してくれる好著です．

【引用・参考文献】

Elbow, P.（1973）. *Writing without teacher*. New York: Oxford University Press.
Elbow, P.（1981）. *Writing with power*. New York: Oxford University Press.
Mlynarczyk, R. W.（2006）. *Personal and academic writing: Revisiting the debate*. Journal of Basic Writing (CUNY), **25**(1), 4-25.
井下千以子（2008）. 大学における書く力考える力―認知心理学の知見をもとに　東信堂
イリイチ, I.／桜井直文［監訳］（1991）. 生きる思想―反＝教育／技術／生命　藤原書店
谷　美奈（2013）. 自己省察としての文章表現―「日本語リテラシー」の教育実践を事例として　関西地区FD連絡協議会・京都大学高等教育研究開発推進センター［編］思考し表現する学生を育てるライティング指導のヒント　ミネルヴァ書房
谷　美奈（2015）.「書く」ことによる学びの主体形成―自己省察としての文章表現「パーソナル・ライティング」の実践を通して　大学教育学会誌, **37**(1), 114-124.
土井隆義（2004）.「個性」を煽られる子どもたち―親密圏の変容を考える　岩波書店
土井隆義（2008）. 友だち地獄「空気を読む」世代のサバイバル　筑摩書房
パスカル, B.／前田陽一［訳］（2001）. パンセ　中央公論新社（原著1670年）
ボードリヤール, J.／竹原あき子［訳］（1984）. シミュラークルとシミュレーション　法政大学出版局（Baudrillard, J.（1981）. *Simulacre, et simulation*. Paris: Galilée.）
マクルーハン, M.／後藤和彦・高儀　進［訳］（1967）. 人間拡張の原理―メディアの理解　竹内書店（McLuhan, M.（1964）. *Understanding media: The extensious of man*. New York: McGraw-Hill.）
マクルーハン, M.／高儀　進［訳］（1968）. グーテンベルクの銀河系　みすず書房（McLuhan, M.（1968）. *The gutenberg galaxy: The making of typographic man*. Toronto: University of Tronto Press.）

# 第Ⅲ部
// メディアを学ぶ

第7章
メディアと文化
フィールド調査を取り入れた授業づくり

田中東子

1 メッセージ・テキスト

● 1-1 悩める大学教員たち

現在，多くの大学で，講義におけるもっとも重要な関心の一つとして，「どうすれば学生たちの興味関心を引き出し，講義に集中させることができるか？」という点があるのではないでしょうか。

特に，2010年代に入るとスマートフォンが普及し，学生たちはいつでもどこでもオンライン接続された状況で生きるようになっています。オンラインに常時接続されているという状況は，たとえ学生たちの身体を教室の中に囲いこんだとしても，彼・彼女たちを気が散った状態におき，常にその意識や関心をオンライン接続されている教室外の空間へと開放させ続けてしまいます。

オンライン上には，ソーシャル・ネットワーキング・サービス（SNS）やチャット，オンライン・ゲームなど，学生たちの気をそぞろにさせるエンターテイメント的・インフォテイメント的・相互コミュニケーション的サービスが溢れています。教員たちは，それ以上に興味深く，学生たちの注目を集めることのできる教材や教育方法を提供し，勉学へのモチベーションを高めることができない限り，彼・彼女たちの集中力を取り戻すことはできないのです。

もちろん，学生たちのなかには真剣に授業に取り組み，社会問題や身の回りの出来事に関心をもち，学習意欲の高い者もたくさん存在しています。しかし，向上心の高い真面目な学生たちがいたとしても，教室内にいる大半の学生たちがスマートフォンを操作したり，私語に励んだりするような環境の中では，徐々にそのやる気を失っていくのが現状です。

それ以外にも，教員たちを悩ませる問題はたくさんあります。たとえば，大学での学びにたいして社会の要請するものが，研究者養成のための高度な研

究能力ではなく，社会に出て働くための実践的な能力ともいえる「ジェネリック・スキル」や「コミュニケーション能力」の育成に変わりはじめている点はどうでしょう。

「ジェネリック・スキル」の向上や「コミュニケーション能力」の育成といった言葉が大学で重要視されるようになったのは，特に2000年代に入ってからのことになります。その主たる理由として，1992年頃のバブル経済の終焉とともに，大学卒業資格をもっている学生たちであっても就職先をみつけることが非常に難しくなってしまったという社会事情があると考えられます。

そのような社会事情のもとで，就職先を探す学生たちに必要な能力として主張されるようになったのが，「ジェネリック・スキル」や「コミュニケーション能力」といった力です。これらは，企業が求める「人材」として，学生の資質を問う際に重要視される能力を示す言葉なのです。

そのため，大学の教員たちのなかに，これらの言葉を好まない人々が多くいるのも事実です。確かに，学問的探求に必要な資質と，企業就職を容易にするスキルとは相いれないものです。そして，大学における教育は，本来，学生たちを企業に就職させるためにあるものではありませんから，「ジェネリック・スキル」や「コミュニケーション能力」といった言葉を重視する教育に，大学の教員たちが批判的であるのは正当なことです。

しかし，私のように女子学生を教育する立場におかれたものにとっては，卒業後に彼女たちができるだけ正規の職をみつけ，自分自身の手で生活に必要な資金を稼げるように導くことが重要な使命でもあります。なぜなら，女性が社会的に自立し，自分自身の権利をきちんと主張していくためには，ある程度の経済的な自立というものを確保しておくことが重要な基盤になっているからです。そうした事情から，経済的な自立という条件をクリアーするために，「ジェネリック・スキル」や「コミュニケーション能力」といった，企業によって必要とされる資質を養成することは，女子学生を預かる立場としては，ある程度，大学教育のなかで実施していく必要があると考えざるをえないのです。

とはいえ，それはあくまでも大学で学ぶことの第一段階にすぎません。やはり大学での教育が目指す地点は，その先にあるべきです。では，その先の目指すべき地点とはどのような場所なのでしょうか。それは，「ジェネリック・ス

キル」や「コミュニケーション能力」といったスキルを身につけ，経済的な基盤を確保した女性たちが，次の段階に進むために必要な力であるはずです。それはつまり，社会の中で自分自身の力を発揮し，自己表現を行い，そしてできれば現在の社会の課題や改善点を発見し，それらの課題や改善点を変革し，改革できるような力をもつことではないでしょうか。

● 1-2　カルチュラル・スタディーズへの着目

　そこでこの授業では，メディア文化やサブカルチャーについて学び，「ジェネリック・スキル」の向上や「コミュニケーション能力」を育成しながら，さらにその先に進むための力を培うことを目的とします。そのような発展を促すために，私は，既存の社会学や政治学や文化論を批判することによって1970年代以降イギリスを中心に発展してきた「カルチュラル・スタディーズ」の理論と分析こそふさわしいと考えています。

　「カルチュラル・スタディーズ」の理論と分析の基礎を学び，それを基にした調査実践を行うことで，ある程度，「ジェネリック・スキル」や「コミュニケーション能力」といった言葉に必要とされるいくつかの力を獲得することができるでしょう。それだけでなく，さらに，まだ主流のものにはなっていない現代文化としてのサブカルチャーについて調査を行えば，日常生活では出会うことのない他者と触れあい，相手の話に耳を傾け，さまざまな交渉を行うことになりますから，わずかながら社会の一端を知る経験にもなります。

　分析や調査の具体的な対象としては，ヒップホップやK-POPなど（音楽），ストリート系やゴシック・カルチャー，コスプレやトランス・ヴェスタイトなど（ファッション），ライトノベルやウェブ小説など（文学），ゲームマニアや特殊なペットの愛好家，特殊な趣向に特化したショップなど（ファン文化やマニア文化），動画投稿や商品加工などを通じた新しい文化実践（オンライン），女性中心のいくつかのサブカルチャー（ジェンダー）などの領域が考えられます。

　そして，第二次世界大戦後に経済的に発展しているいくつかの地域で生まれた若者たちのサブカルチャーの広がりには，雑誌やテレビ，小説や映画などのメディア文化が深く関わっています。特に，昨今のサブカルチャーのコミュニティでは，インターネットを媒介としたデジタルなコンテンツのやりとりが，

コミュニケーションの中心を占めてもいます。

たとえば，DTM の専用ソフトである「初音ミク」を使用して，作曲や作詞，イメージ動画の製作など，インターネットとデジタルなコンテンツの加工・編集技術による新しい文化の生産が行われています。また，作り上げた作品を中心にすえて，オンライン上には愛好者たちのコミュニティが形成されています。このように，現代のサブカルチャーの多くは，インターネットとデジタル・コンテンツを利用しながら情報を収集し，発信し，また他者とのつながりを確立していくのです。

したがって，この授業では，講義を行う場合でも，調査にとりかかる場合でも，積極的に紙媒体や電子媒体やオンライン媒体のメディアによる情報収集とコミュニケーションに取り組むよう促すことにしています。

このような授業を行うメリットとして，まずは教員の講義を聞き，提示されたさまざまな資料を見たり読んだりするという座学を通じて，これまでほとんど触れる機会のなかったさまざまな文化の知識と考え方を知ることができるという点があります。さらに，グループワークを通じて，自分たちの興味関心を互いに追求しあい，調査の対象を定め，調査の手順やスケジューリング，さらには未知の調査対象者とつながりを作り，対面式のインタビューを行うことで，他者と積極的にかかわっていく姿勢を作り出します。

● 1-3　共生の前提としての主体性

数年にわたってこうした形式の授業運営を行ってきた結果，すべてのメンバーが主体的かつ積極的に介入しない限り，グループワークというのは絶対に成功しないと明らかになりました。というのも，調査を手伝わないメンバーがいるグループは，全員が必ず参加しなければならない発表の時点で，一部のメンバーしか調査に参加していなかったということが露呈してしまい，発表が上手くいかないことになるからです。

たとえば，主体的にワークに参加していなかったメンバーは原稿をただ棒読みするだけであったり，内容を理解していないまま話してしまったりといった結果に終わってしまうことがあります。そして，調査の内容を話し合っていくときにも，少なくとも過半数を超えるメンバーが積極的に意見を出さないよう

なグループでは，議論が活性化せず，無為な時間が流れていくといったこともあります。

　残念なことに，主体的にワークに参加する意志を示すことは，日本の高校までの学校教育で特に足りていない力であると考えられます。自分自身で考えなくても事態は進行していく，自らの意見を提起しなくてもどうにかなる，周りの人と意見が異なる場合にうまく議論を擦り合わせたり調整したり相手を説得したりすることなく沈黙を保ってしまう，などは，日本の教育を受けてきた学生たちに共通してみられる欠点ではないでしょうか。

　しかし，1990年代以降進行してきたグローバル化の波の中で，日本社会で暮らす私たちも，海外との競争にさらされ，またさまざまな国や地域から移住してきた人々とともに暮らす，というような経験をする機会が増えてきています。これまでのように，黙っていてもわかってくれる，何もしなくても物事はスムーズに展開していく，といった生活環境はもはや過去のものとなり，自分とは異なった背景，歴史，思考様式，行動様式，言語をもつ人々と交流・交渉・折衝しながら生きていかなくてはなりません。

　こうしたことは，先に述べたオンライン空間の広がりにおいても同じです。マクルーハンが予言していたように，オンライン・メディアの時代においては，かつての電子メディア時代以上に「中枢神経の拡張」（マクルーハン，1987）を実感できることでしょう。今日，私たちは帰属する小さな組織，地域コミュニティ，言語，国境，などを超えて，唐突に見ず知らずの他者と接触し，会話を交わさざるをえない環境で暮らしています。その突然の接近による衝撃の一つを歪んだ形で示しているのが，オンライン上でのヘイトスピーチの蔓延ではないかと考えられます。

　これまで出会ったことのない文化，階層，多種多様なパーソナリティの人々と，前触れもなく接触させられ，会話を交わさなければならない時代に必要なのは，相手を知り，相手の言葉を聞き，共に考え，共に生きるという姿勢です。こうした姿勢は，言葉にしてしまうとすごくシンプルで単純なことですが，実際に行動として示そうとすると，案外，難しいのではないでしょうか。その困難さを取り除く一助として役立つ力を養うことが，この授業の一番の目標になります。

2 学習の意義

次に、この授業がよって立つ、主要な二つのディシプリンについて説明していきます。その一つ目は「カルチュラル・スタディーズ」であり、二つ目は「メディア文化論」です。

● 2-1 カルチュラル・スタディーズの意義

カルチュラル・スタディーズ（以下、CSと略す）は、1960-70年代、イギリスのバーミンガム大学に設立された現代文化研究センター（CCCS：Centre for Contemporary Cultural Studies）を中心に創生され、その後、英語圏の各地域を経由しながら、それ以外の地域にも広がっていった研究の潮流です。

CSの目的は、社会の内部に存在する支配的な権力の遂行プロセスを暴き、なにが語られなにが語られないのか、なにが表象されなにが表象されないのか、そして語られたものや表象されたものの意味づけをめぐって相争われるヘゲモニーの分析を通じて、従属的な地位に置かれた人々が、たとえ一時的であれ自らの表現活動や批判的な言説を行うために、支配的集団から自律した文化的空間を獲得すること、にあると考えられます。

特に、1970年代半ば以降の後期資本主義のターンに入ると、私たちの労働様式は、工場労働から情報とサービスに携わる労働へと移行しました。文化産業の急速な発展と強烈な商業主義化は、そこでの消費・生産活動を通じて私たちが現代社会のさまざまな問題とどのように折衝や交渉を行っているか、という点について批判的に考察することを重要視する必要性をもたらしています。

またこの時期、主流のメディア産業や商業主義的な文化産業において特権的であるとされる文化の生産者の地位から排除されてきた一般の人々が、オンライン・メディアの利用を通じて、ポピュラー文化領域での創造的な文化表現を行い、アクティヴィズムのための空間を開拓するようになってきたことで、人々は文化政治へと関心をもつようになりました。

さらに、主体的カテゴリーの複数化についても考えていく必要があります。生活環境の変化は、以前よりもずっと私たちのアイデンティティ・カテゴリーを流動的でハイブリッドで多彩なものに変え、そのことが権力と抵抗の関係を

より複雑にしています。社会理論派の理論家たちが述べているように，後期近代社会において，私たちは社会的集合性としてみなされるよりも，個人的存在として前面におしだされながら生活していかざるをえなくなっています。私たちは，より拡散し，組織化されていない個人として，多層的に生きることを余儀なくされているのです。その結果，かつてのような「犠牲者」や「従属者」という単純な表象だけで，支配と抵抗の関係を記述しきれなくなってきました。

このような変化の時代を通じて，CSはその理論を練り上げていきました。その理論的支柱であるとされるスチュアート・ホールは，ブリクストンや南ロンドンなどの地域で中学校の教員として，そのキャリアの最初期をスタートさせています。その後，彼はイギリス各地の大学で教鞭をとり，1979年以降はオープン・ユニヴァーシティに移籍し，放送メディアを通じて雑多な学生たちに教育を行いました。そうした経験を踏まえて，ホールは次のように述べています。

> カルチュラル・スタディーズの考え方を生かそうとすれば，その理念を翻訳し，もっと大衆的でアクセスしやすいレヴェルでそれを記そうとしなければなりません（プロクター，2006：61）
> オープン・ユニヴァーシティは壁がなく……境界のないことを誇りとし……，イギリスのシステムによって不当にも排除されてきた全てのものたちに行き届くだろう。遅咲きの者たちや家事にかかりきりだった者たちに。そしてアカデミックな達成を体系的に阻まれてきた大勢の女性たちに（プロクター，2006：22）

ホールが述べているように，CSの特性は「ペダゴジックであること」につきると考えられます。特に，若い世代にとって関心をもちやすい文化的なテーマの中に社会問題や政治的闘争の賭け金を見い出していくことや，階級，ジェンダー，人種といったアイデンティティ・ポリティクスの問題に敏感であろうとする点に，今日の複雑な社会を読み解いていくための武器としてきわめて有効である理由があるのではないでしょうか。

また，理論的に発展していく初期の段階に，イギリス社会における「大学の

大衆化」という問題が背景にあったことから、非エリート学生に学術的な枠組みを教えていくことができるように理論構築されている点も、今日の大衆化した日本の大学で教育を行う際に、非常に意味があると考えられます。

CSが発展するにつれて培われてきた理念を用いることによって、文科省的な「ジェネリック・スキル」のようなものをただ受動的に、技能や手段の形をなぞるように学ばされるのではなく、形は「テンプレート」として先に与えられながらも、そこにどのくらい「好きなもの」「興味をもてるもの」をはめ込んで、主体的に動くことができるか鍛えていくという試みが可能になると私は考えています。

● 2-2　メディア文化論の意義

次に、メディア文化論とこの授業との関わりについて説明します。

平成26年度（2014年度）のインターネット利用者数（人口普及率）は、『平成26年通信利用動向調査』報道発表資料（http://www.soumu.go.jp/johotsusintokei/statistics/data/150717_1.pdf）によれば、1億18万人（人口普及率82.8％）であり、オンライン・メディアの利用者は、2000年代に入ってから飛躍的に伸びました。とりわけ、13歳から59歳までの世代のインターネット利用率は、すでに9割を超えていること、さらにスマートフォンの普及率に限っては、平成22年末（2010年）の9.7％から、平成26年末（2014年）の64.2％へと、4年間で急激に増加し、私たちの生活空間におけるメディア環境に大きな変化があったことは間違いありません。

オンライン・メディアは産業形態の変化を引き起こし、若者消費文化のグローバル化とトランスナショナル化、若者の抵抗スタイルの市場による取り込みと商品化、新しいメディア技術やサイバーネットワークの出現、ナショナルなものからグローバルなものへと脱中心化された権力とそれに対する抵抗の拡散、古いスタイルでの連帯的な抵抗政治の崩壊、といった状況を引き起こしました。

このような環境の変化は、私たちをとりまくメディア文化にも大きな影響を与えています。たとえば、オンライン・メディアの利用者が増えたことによって、電子メディアの時代にはある程度明確であった、情報や文化の生産者と消費者という区分が不分明になってきました。特に、「ブロゴスフィア

（blogosphere）」(Harp & Tremayne, 2006) と呼ばれる，オンライン上に出現した新たな発話空間のなかで，これまでは文化の消費者でしかなかった人々が，比較的自由に情報を発信し表現文化の生産活動に取り組むようになってきました。

オンライン上の新しい空間は，紙および電子メディアが構築してきた従来の伝統的な生産・流通・消費のルートを脱構築し，それら三者のオルタナティブな関係を提供するようになりました。血縁や地縁関係を軽々と超えたユーザーや仲間内のやりとりを中心に，新しいコンテンツや文化が次々と生産され，新しい関係性を日々生み出しています。

ブログ，ウィキ，SNSなどのウェブ2.0に関わるオンライン上でのさまざまな表現活動は，オンライン以前の時代の文化活動に比べると，より公共性が高く，発話者の思考や感情や好みが，他者に向けて押し出され，注目を浴びるきっかけとなり，相互コミュニケーションの可能性を導き出すという点において，新しい公共圏となっています。

この新しいオンライン・メディア公共圏では，スコット・ラッシュが「社会行為は発話とパフォーマンスに変わり，社会関係はコミュニケーションに変わる」(ラッシュ，2006) と述べているように，コミュニケーションを観察し，分析することの重要性が相対的にますます高くなってきました。

そのため，教員自身もまた，人々の思考様式と行動様式に大きな影響を与える新しいメディア文化について，学び，調査するだけでなく，それらの成果を使いこなしながら，講義を組み立てていく必要があると思われます。

3 アクティブ・ラーニング事例

● 3-1 授業の目的

この授業では，「社会人基礎力」（社会人として活躍できるジェネリック・スキル）(http://www.meti.go.jp/policy/kisoryoku/) の各項目（情報を収集し，分析し，整理する，他者との協働・チームワークの養成，アイディアと情報の伝達・技術の活用，コミュニケーションスキル，思考スキル（創造的思考，判断力））を参照しつつ，次の五つのスキルの向上を目指すことを目的としています。

- (A) 未知の情報を収集し，分析し，整理する力
- (B) グループワークやグループ・ディスカッションを通じたチームワーク力
- (C) アイディアや情報を伝達・共有するためのコミュニケーションスキル
- (D) 取材・調査結果の構造化とプレゼンテーションスキル
- (E) 客観的に，自己と他者を比較して評価するスキル

そのため，インタビュー調査やプレゼンテーションなど，グループワークや表現力が必要となる項目を中心に内容を構成しています。特に，具体的で多様な現象の調査と観察を通じて，現代社会における文化の機能と役割，私たちの生活のなかで文化が持っている意義，メディアがそれらの文化にどのように関わっているかなどを，この授業では調査していきます。

上述した（A）～（E）の五つのジェネリック・スキルの向上を目指すために，毎回の授業で作業を行わせる際に，以下の七つの項目について心がけておく必要があります。

- (a) 協働作業を行う意義と目的を明確に伝える
- (b) 1回ごとに目標地点をはっきりさせる（作業内容をワークシートに書かせる）
- (c) 作業の内容を細かく指定して，箇条書きでもよいので少しずつ記述させていく
- (d) 毎回，授業のはじめと終わりに，現在の作業状況と問題点についてすべてのグループに口頭で発表させる。
- (e) アンケートやインタビュー調査の義務づけ（問題が起きた時の対処方法）
- (f) プレゼンテーション方法の指導とパワーポイント作成の指示を細かく教える
- (g) 最終レポートは設問を細かく指定し，書いている途中で迷子にならないようにする

● 3-2 授業計画

表7-2, 3の授業の進行表をみてください。前半の6回〈Ⅰ〉では，理論や具体的なサブカルチャーの事例について講師によるレクチャーを聞きながら，関連する文献を講読していきます。後半の7回〈Ⅱ〉では，5, 6名の少人数グル

表 7-1　授業の概要

授業科目	サブカルチャー論
対象学生	メディアコミュニケーション学科，1～4年生，50名
到達目標 (括弧内は後述の五つのスキルとの対応を示す)	①書籍や資料を読み，新しい知識を得ること。(A) ②自分の考えを論理的にまとめて話し，記述する力を得ること。(D) ③他者と意見を交換し，討論する力を得ること。(B・C) ④グループワークなどの協働作業を円滑に遂行する力を得ること。(B・C) ⑤興味や関心の範囲を広げ，社会生活のさまざまな領域に適応できるようにすること。(C・D) ⑥他者へのインタビューを円滑に行い，その内容をまとめる力を得ること。(C) ⑦プレゼンテーションの資料を作成し，多くの人の前で分かり易く話す力を得ること。(D) ⑧調査した内容を文書にまとめ，レポートを作成する力を得ること。(E)
アクティブ・ラーニングの方法	①毎回の授業ごとの作業記録作成 ②グループ・ディスカッション ③インタビュー調査
学習評価の方法	①出席　30点 ②グループワーク後に提出するワークシート　14点 ③グループ・ディスカッションへの参加意欲　16点 ④最終発表会でのプレゼンテーション　10点 ⑤期末レポート　30点

ープに分かれてインタビュー調査を行います。そして，最後の2回で発表会を行うという流れで授業を進めています。

特に，後半では，ランダムに組んだ5,6人のグループメンバーとともにサブカルチャーの現場に行き，現場の人たちにインタビューを行うことで，アポイントメントの取り方，インタビュー項目の作り方，アクシデントが起きた場合の対処方法，グループで円滑に作業を進める技法などを学んでいきます。授業時間以外にも調査活動が必要になってきますから，熱意と関心のある学生たちだけに登録するようにしてもらいます。

● 3-3　授業の流れ

次に，15回の授業を，実際にどのように展開しているかについて，手順を説明していきます。すでに示した表7-1にもあるように，この講義では大きく三つのパートから，授業が組み立てられています。

まず，「サブカルチャー」について担当講師が6回ほど講義を行います。6回

表 7-2　授業の進行表 1

〈Ⅰ　サブカルチャーについての講義〉

回	日付	学習内容	目標	授業方法	予復習課題
①	9/23	「サブカルチャーとはなにか？」シラバスへの質疑応答	A	レクチャー	予）なし
					復）ジェームズ・プロクター（2006）『スチュアート・ホール』
②③	9/30 10/7	「サブカルチャーの種類と歴史」	A	レクチャー 映像視聴 文献講読	予）難波功士（2007）『族の系譜学──ユース・サブカルチャーズの戦後史』
					復）授業で紹介した動画サイトを確認
④⑤⑥	10/14 10/21 10/28	「サブカルチャーの事例」映画『ロード・トゥ・ドッグタウン』、『下妻物語』、『アート・オブ・ラップ』などを一部視聴	A	レクチャー 映像視聴 文献講読	予）ジョン・サベージ（1999）『イギリス「族」物語』
					復）関心のあるサブカルチャー情報をキャッチしておく

　の講義のそれぞれのテーマですが、①②サブカルチャーとはなにか、③サブカルチャーの種類と歴史、④⑤⑥サブカルチャーの事例（スケートボード、ヒップホップ、ロリータ）の紹介、となっています。

　それぞれの内容について詳しく説明していきます。①と②では、これまでサブカルチャーを分析してきた社会学や文化研究の学派の理論や見解について講義を中心に紹介していきます。③のサブカルチャーの種類と歴史では、第二次世界大戦後のイギリスと日本で一時代を築いたサブカルチャーについて、YouTubeなどの動画資料や画像などを示しつつ紹介していきます。また④〜⑥のサブカルチャーの事例では、最近の主なサブカルチャーの例として、スケートボード、ヒップホップ、ロリータの三つを取り上げ、それぞれのサブカルチャーをモチーフとして製作されたエンターテイメント映画やドキュメンタリー映画、雑誌や文献資料などを中心に、それぞれのサブカルチャーの特徴や、異なるサブカルチャー間に共通するポイントなどを丁寧に説明していきます。

　前半6回の講義を行う際には、できるだけヴィジュアル素材を使いながらサブカルチャーを説明していくようにしています。最近の学生たちは、幼少の頃より文字文化よりもヴィジュアル文化になじみがあるため、言語による細密な

説明だけでなく，視覚的な資料の提示を通じて知識を増やしてもらおうというのがその狙いです。

また，自分自身の調査体験をもとに具体的に説明することも心がけています。客観的で三人称的な講義も重要ですが，客観性を保ちつつも一人称的な語りの中で，上手く進んだ調査と失敗した調査，倫理的に行ってはいけない事柄などについて説明していくのです。目の前の教員の経験から得られた説明ですので，失敗談などに笑い声を立てながら，学生たちは比較的，集中して教員の説明を聞く傾向にあります。

続く7回の授業では，主にグループワーク作業を行います。見知らぬ人たちと共同作業を行うことの意味づけを特にはっきりと説明するようにして，グループのメンバーは，よく見知った友達同士ではなく，講師がランダムに組んだ5，6名のチームで作業に取り組ませます。毎週，90分の授業時間の半分はグループ・ディスカッションを行い，残りの時間は図書館やPCルームでの資料収集，メールや電話を使った，インタビュー相手との交渉などを行います。

グループ・ディスカッションの間，教師は教室内を巡回し，適宜，質問に答え，議論が不活発なグループがあれば，原因を取り除くために会話に介入し意見を出しやすい雰囲気を作り上げていきます。

7回のグループワークでは，毎回，一つのテーマを与えていきます。表7-3にもあるように，順番に，⑦サブカルチャーの調査法，⑧調査対象の決定，⑨文献や資料の収集と精読，⑩インタビュー調査の準備，⑪⑫インタビュー調査の実施，⑬発表のための準備になります。

では，それぞれの内容について，より詳しく説明していくことにします。⑦のサブカルチャーの調査法では，フィールド調査に関する基礎的な文献を精読し，インタビュー調査のポイントやアンケート調査の方法について説明します。

⑧の調査対象の決定と⑨の文献や資料の収集と精読，については，グループごとにディスカッションをしてもらい，複数提案された調査対象のなかから，学期中の短い期間での調査が可能であり，インタビューを行うことのできる対象であるかどうかを現実的に判断し，一つに絞ってもらいます。その際，授業用の教室だけでなく，必要に応じて図書館やPCルームなどに移動してもらい，もしくはスマートフォンでの検索を活用して，情報を収集してもらいます。ま

表 7-3　授業の進行表 2

〈Ⅱ　グループワーク〉

回	日付	学習内容	目標	授業方法	予復習課題
⑦	11/4	「インタビュー調査の方法」ペアを組んで，インタビュー調査の練習	B C	レクチャー ディスカッション 文献講読	予）藤田結子，北村文編（2013）『現代エスノグラフィー：新しいフィールドワークの理論と実践（ワードマップ）』 復）家族にインタビューを行ってみる
⑧ ⑨	11/11 11/18	「調査対象の決定」「文献と資料の収集と精読」	A B C	グループワーク ディスカッション 資料収集	予）文献と資料の収集，講読復）ワークシートの作成 復）家族にインタビューを行ってみる
⑩	11/25	「インタビュー調査の準備」	B C	グループワーク ディスカッション インタビュー項目作成	予）調査対象のターゲット化 復）インタビュー調査の準備，ワークシートの作成
⑪ ⑫	12/2 12/9	「インタビュー調査の実施」	B	グループワーク ディスカッション インタビューの調査	予）インタビュー調査の準備 復）調査結果の整理，ワークシートの作成
⑬	12/16	「発表会の準備」	D	グループワーク プレゼンテーション資料の作成 プレゼンテーション原稿の作成	予）調査結果の整理 復）プレゼンテーション資料作成のやり残しを終わらせる，ワークシートの作成
⑭ ⑮	1/13 1/20	「合同発表会」	D E	プレゼンテーション 相互評価	予）プレゼンテーションの練習 復）期末レポートに向けて，調査資料と調査データのおさらい

た，対象を決めたグループは，次の週までに，雑誌や書籍，ネット上などの情報をリサーチし，調査対象に関する知識や情報を獲得していきます。

⑩のインタビュー調査の準備，⑪と⑫のインタビュー調査の実施，については，調査対象を決定したり，調査スケジュールを立てたり，週末や空き時間を利用して取材先に足を運んだり，実際にインタビューできるようアポイントメ

ントを取ったり，さまざまな活動を行う中で，対人関係のスキルを向上させていきます。ここではさらに，アポイントメントを取る訓練，インタビュー調査と（または）アンケート調査の内容を練る，実際に調査を行う，などに取り組んでいくことになります。また，⑬の発表のための準備では，主にパワーポイントを使って，プレゼンテーションのための準備を行います。

最後の2回，⑭と⑮の発表会では，グループごとに調査内容の結果を発表してもらいます。2週に分けて，各グループ制限時間10〜12分で発表を行っていきます。その際，自分たち以外のグループの発表にたいして，匿名でコメントを書かせ評価させるようにしています。さらに，自分たち自身の発表と，振り返りを兼ねてグループワーク全体についても簡単に自己評価をさせるようにしています。

最後に，報告レポートを提出させます。報告レポートについては，次の「学習の評価」の項目で詳しく説明していくことにします。

● 3-4 学習の評価

成績評価は，表7-4で示しているように，出席15回を30％，調査と発表（調査と発表準備への参加姿勢，インタビュー調査，発表会でのプレゼンテーション力，発表用パワーポイントのデータ）を40％，そして学期末レポート（A4サイズ横書きで3枚程度）を30％，という比率で合算し，これら三つを総合して評価することを，初回の授業で学生に伝えておきます。

結果をみると，受講した学生には，いくつかの変化が見られました。

- 興味や関心を抱いた対象について，書籍やネットなどを用いて調べることができると知ったことから，次の学期の授業や卒業論文のテーマ決定に積極的に取り組むようになった。
- これまで目を向けてこなかった現象にもおもしろいことがあるのだと感じるようになった。
- 調査した対象について説明するためには，さまざまな言葉を知っている必要があるとわかった。
- 社会経験の少ない学生にとって非常に困難な課題である，見知らぬ他者と

> コンタクトをとることへのためらいが緩和された。
> ●分業したり，協働作業を行ったりすることで，一人で作業するよりも多くのことができると気づいた。

　ほとんど話したことのない者同士でグループを組まされることにたいして，最初のころは不満の声も上がるのですが，協力して一つの課題をこなすことを通じて，ほとんどの学生が最終的には満足感を得るようになっていきます。
　このように学習意欲の増進など，良好な変化もみられますが，しかし，以下のような課題も同時にありました。
　社会調査やフィールド調査の方法論をじっくりと学ばせるだけの時間がないまま調査させざるをえないため，方法論的な問題点が数多く出てくるという点（「ラポール」「記録方法」などに関する理解が足りていない）。また，理論的かつ分析的な講義を重ねたうえでの調査ではないので，平坦でわかりやすくみえやすい調査結果しか拾えないという点も今後の重要な課題であると思われます。というのも，半期の科目でしかないため，より掘り下げた考察を行ったり，理論的な発展や，さらなる文献講読へとつなげていったりすることが困難になっているからです。

表7-4　成績評価の方法

評価対象	目標	実施方法	配点と評価観点
出席回数		毎回の授業ごとに，出席カードを配布して回収する。	1回2点×15回。計30点。5回以上欠席したものは，不可とする。
ワークシート	①	グループワークを行う後半7回に，毎回配布する。	1回2点×7回。計14点。
ディスカッション	②③④	グループで準備を行い，ワークシートの項目に沿って議論を進めていく。	1回4点×4回。計16点。グループワークの様子を教員が巡回しながら評価していく。
調査結果の発表	⑥⑦		グループの持ち点5点，各個人のプレゼンテーション力5点の計10点で採点。
報告レポート	⑤⑧	題目は，各自でつけること。締切は1月30日(火)12時。指定されたレポートボックスに入れておくこと。	計30点。注意事項については，下記の引用を参照のこと。

＊箇条書きではなくきちんとした文章で，以下の10の質問についてまとめること。
1. あなたが調査したテーマと調査対象について説明してください。
2. なぜそのようなテーマと対象に取り組もうと考えたのか説明してください。
3. どのような文献や資料によって調査対象について知ることができましたか。
4. あなたが調査した対象にはどのような歴史がありますか。
5. あなたが調査した対象は，現在どのような活動を行っていますか。
6. どのような場所にいけば，調査対象と出会えますか。
7. 調査対象に，どのようなアンケート調査やインタビュー調査を行いましたか。
8. アンケート調査やインタビュー調査の結果，どのようなことがわかりましたか。
9. 調査を通じて，サブカルチャーについてどう考えるようになりましたか。
10. グループワークを通じてあなたがやったすべての作業をできるだけ具体的に書いてください。

（注意事項）
＊記入欄が足りない場合には，改行して増やしてください。
＊レポートの用紙は何枚になっても構いません。
＊必ず，Wordを使って記入するようにしてください。（手書きは禁止です）
＊提出の際には，プリントアウトしてホチキスやクリップで留めて提出してください。
＊各項目，最低5行程度は記入してください。1～2行しか書いてないものは採点しません。

【資料編】
1. 参考文献について（記入例）
〔書籍〕S. クレイグ・ワトキンス『ヒップホップはアメリカを変えたか？─もうひとつのカルチュラル・スタディーズ』菊池淳子訳，フィルムアート社，2008
〔書籍〕毛利嘉孝『ストリートの思想─転換期としての1990年代』NHK ブックス，2009
〔雑誌〕『ゴシック＆ロリータバイブル』vol.41，バウハウス，2011

2. 参考サイトについて（記入例）
朝日新聞記事　http://www.asahi.com/showbiz/korea/AUT201201080047.html　（アクセス日：2012年1月23日）
森ガール図鑑　http://just001.web.fc2.com/morigirl-brand/　（アクセス日：2012年1月18日）

3. 参考資料について
＊この後ろにクリップやホチキスで留めて提出してください

図7-1　報告レポートのフォーマット

　これらの問題と課題を改善するためには，コミュニケーション能力をさらに向上させる系統の科目をこの科目の後に配置し，この講義で引き出した学生たちの興味関心をますます向上させ，社会と関わりつつ発展させていく必要があるように思います。

たとえば，インタビュー調査形式の授業のより発展した形式として，ドキュメンタリー映像を撮る授業などを設置してつなげていくことで，グループで協働して作業を行うこと，他者の話に耳を傾けることなど，この授業を通じて獲得されたスキルがさらに磨かれていくことになると考えられるのではないでしょうか。

4 授業化のためのヒント

● 4-1 学習効果を高めるためのポイント提言

[1] モチベーションを上げる

学習効果を高めるためには，もっとも大切な作業であると考えられます。なぜ，見知らぬ他人のもとに行ってインタビュー調査を行うのか，なぜ，初めて会話を交わすような他の学生たちと一緒にグループを組んで，協働的な作業を行う必要があるのか。それは，これから社会生活を行っていく上で，仕事の場でも家庭でも，「他者」を理解し，「他者」とコミュニケーションを取り合い，力を合わせて何かを成し遂げる力が，学力や知識と同様に大切になっていくからだ，ということを講義や作業説明の端々で，繰り返し説明するようにしています。

[2] 友人ではない学生ときちんと議論できるようにする

今日の日本の教育課程で育ってきた学生たちにたいして，「意見を言うこと」は，「喧嘩をすることではない」「他人を批難することではない」という説明を，繰り返し行う必要があります。誰かの提案に意見を言う場合には，先にその提案の良い点を評価したうえで問題点や疑問点を付け加えること，そして必ず自分で考えた代案を提示することが重要であると，教えるようにしています。また，グループで話し合いをする時には，姿勢良く，発言する場合にはグループのメンバーの顔を見渡しながら話すこと，逆に聞き手にまわる場合には，発言者の顔を見て，その言葉に肯いたり，笑顔をみせるなどのボディランゲージが必要であることを繰り返し説明します。

●調査対象の決定：いくつか候補を挙げ，採用したものに◎をつけること

●調査対象について1：なぜそれを選択したのか？

●調査対象について2：その対象に関する文献や資料はなにか？

●調査対象について3：どこにいけばそれを調査することができるのか？

●調査対象について4：誰に聞けばそれを調査することができるのか？

●調査方法について1：どのような方法でそれを調査することができるのか？

●調査方法について2：それを調査するために必要なものはなにか？

●その他（自由記述）

図 7-2　ワークシートの例

［3］段階的で細やかな報告を求める

　論理的に思考し，それをレポートなどの形式で表現することに慣れていない学生が増えていることから，提出物などについては，それを作成していくうちに，段階的に思考が進んでいくような形式で，複数回に分けて提出できるように工夫をしています。A4 の裏表に印刷したワークシートの例を，図 7-2 に示してあります。一つの項目に 5-10 行程度の記述を行えるように，下線を引いておきます。このようなワークシートを，グループワークを行う 7 回の授業で，毎回，配布して，次の週に回収するようにしています。

□ キーワード解説 □

①カルチュラル・スタディーズ

新しい差異の政治——人種,セクシュアリティ,階級,ジェンダー,脱国家的なもの——が結び付けられ接合される文化的にさまざまな現象が,どのようなものであり,それが伝統的で支配的な文化とどのような関係にあるのかを分析するために練り上げられていった学問的な潮流と運動体。その分析手法は,統一的なディシプリンに基づくものではなく,政治学や社会学,文学理論,メディア論,文化人類学,教育学など,さまざまな学問領域の成果を横断しながら編成されています。初期カルチュラル・スタディーズはイギリスのバーミンガム大学を中心に活動する研究者たちによって営まれていましたが,のちにアメリカ,アジアその他の地域にも広がっていきました。

②サブカルチャー

主流の,大きな文化の中で,特定の好みやスタイルや行為と実践を伴う,多くの場合は若者によって担われる小さな文化集団とその現象のこと。サブカルチャー集団は,時に既存の商業主義的かつ資本主義的な文化に背を向け,独自のライフスタイルを生み出すことがあります。集団内部には独特なジャーゴン(仲間内でのみ通じる言葉遣い),規範,ルール,ファッション,行動倫理,知識,ネットワークなどが見られ,また近年ではオンライン文化や新しいテクノロジーを巧みに使いながら活動していることもあります。若者文化,下位文化,従属文化,マイナー文化などと呼ばれることもあり,支配的な社会構造から排除されたマイノリティたちの居場所として機能することもあります。

③フィールド調査

教室や図書館や書斎を飛び出し,実際の社会の出来事をたとえほんの一部分であれ,直接的なコミュニケーション行為を通じて調査し,把握しようとする人文学的・社会学的調査方法。その具体的な手段としては,インタビュー調査,参与観察,現場での何気ない会話を通じた聞き取り,ライフヒストリーの聞き取り,自己観察を通じた記述,オンライン上でのチャットや関係構築を通じた会話,など言葉のやりとりや会話,観察を通じた,どちらかというと主観的な観察によって行われます。主観的観察ではあるかもしれませんが,書物やメディアなどの媒体を介して得られる情報や知識とは異なった,より「生に近い」知識を獲得できる可能性があり,さらに観察者と観察対象(者)のかかわりという新たな関係性を作り出すことができます。

④インタビュー内容の構造化

フィールドワークの基礎である「構造化されたインタビュー」「半構造化されたインタビュー」などの区分に基づき,ある程度,質問の内容を事前に準備し,会話の流れをフォーマット化して準備された質問のこと。このようにインタビュー内容を事前に固定してしまうことで,自由で親密な会話の流れを妨げる結果にもなりますが,あまり多くの情報を得ていない現象や状況について調査する場合などには,網羅的で全体的で関連性のある情報を得ることができるので有効です。

第7章 メディアと文化

■ リソース紹介 ■

①サベージ，J. (1999). イギリス「族」物語　毎日新聞社
- モッズやパンクからレイヴ・カルチャーまで，イギリスの若者たちが確立してきたサブカルチャーの様式とスタイルを，それぞれのサブカルチャー内部に精通している筆者が記述的にまとめたもの。それぞれの「族（トライブ）」の様子を，現在では，YouTube などの動画投稿サイトで探し出し，画像や動画を見ることも可能であり，オンライン上のヴィジュアル資料と本書とを行き来しつつ参照すれば，得られるものは多くあります。

②プロクター，J.／小笠原博毅［訳］(2006). スチュアート・ホール　青土社
- カルチュラル・スタディーズの潮流を生み出した最初の人々の一人であるホールの思想と理論と実践を，分かり易く解説している入門書。カルチュラル・スタディーズの簡単な歴史や，「ポピュラーなもの」や「サブカルチャー」など身近な文化の問題を学問的に取扱う際の心構え，身近な文化について考察する際に必要な分析枠組みや基礎的な理論，技術用語などが紹介されています。また，「人種」，「サッチャリズム」，「アイデンティティ」など，カルチュラル・スタディーズの研究者たちが取り組んできた具体的問題についてもわかりやすく説明されています。

③難波功士 (2007). 族の系譜学――ユース・サブカルチャーズの戦後史　青弓社
- ①とは異なり，戦後日本社会におけるさまざまなユース・サブカルチャーを取り上げ，紹介している本。特に，冒頭で英語圏のサブカルチャー研究の理論と分析方法についてわかりやすくまとめてくれているので，初学者でも使いやすい本となっています。こちらの本で紹介されているさまざまなサブカルチャーについても，現在ではオンライン上で画像や動画を探し出すことができるので，相互参照しながら読み進めるとよいでしょう。

④白井利明・高橋一郎 (2013). よくわかる卒論の書き方［第2版］（やわらかアカデミズム・わかるシリーズ）　ミネルヴァ書房
- 昨今，数多く出版されている「論文の書き方」マニュアル本の中で，社会科学系の学生にとって使いやすい入門書。文献の集め方，データの分析方法，アンケートやインタビュー調査の基礎的な方法から，ディスカッションのやり方まで，網羅的かつコンパクトにまとめられています。

⑤藤田結子・北村　文［編］(2013). 現代エスノグラフィー：新しいフィールドワークの理論と実践（ワードマップ）　新曜社
- 現在，実際に使われているエスノグラフィーのさまざまな技法を丁寧に解説している入門書。方法論を淡々と解説するのではなく，それぞれの著者が実際に調査しているフィールドに引きつけ，一人称的に記述しているため，生き生きとした興味深い本になっています。

【引用・参考文献】

Harp, D. M. & Tremayne, M.（2006）．The Gendered blogosphere: Examining inequality using network and feminist theory. *Journalism & Mass Communication Quarterly*, **83**, 247-264.

経済産業省「社会人基礎力」〈http://www.meti.go.jp/policy/kisoryoku/〉（2014年12月30日参照）

総務省「情報通信統計データベース」〈http://www.soumu.go.jp/johotsusintokei/statistics/statistics05a.html〉（2014年12月30日参照）

プロクター，J.／小笠原博毅［訳］（2006）．スチュアート・ホール　青土社（Procter, J.（2004）．Stuaert Hall. London: Routledge.）

マクルーハン，M.／栗原　裕・河本仲聖［訳］（1987）．メディア論―人間の拡張の諸相　みすず書房（McLuhan, M.（1964）．*Understanding media: The extensious of man*. New York: Megraw-Hill.）

ラッシュ，S.／相田敏彦［訳］（2006）．情報批判論―情報社会における批判理論は可能か　NTT出版（Lash, S.（2002）．*Critique of information*. London: Sage Publications.）

第8章
映像表現という活動
「本物の状況」でのメディア制作

保崎則雄

1 メッセージ・テキスト

● 1-1 今日的背景

　板書を板写する大学生が増えています。自己紹介が，SNSで挨拶を送ることと同義にすらなっています。学びが純粋で細やかな手作業であった時代から，手軽に全体像をひとつのデジタル・ゲシュタルトとしてやりとりをする時代となっています。感性に重きを置いたコミュニケーションが主流です。また，情報のやりとりが閉じられたコミュニティ内で完結するコミュニケーションが日常となる一方，多くの情報発信者が，不特定多数への深慮なき情報の放り投げをし，それを媒介として軽いコミュニケーションを楽しむという，前者とは少々異質のコミュニケーションが共存している現実もあります。

　絵が動き，音が映像に連動するようになり映画という映像表現が登場してから，まだわずか百数十年しか経っていません。個人で所有されるコンピュータの歴史は，ほんの数十年程度です。言語表現のようにかなり長い歴史をもち，学校という学びの場でカリキュラムというフレームを整え教えられているものとは対照的です。そのような現代人に不可欠のメディア・リテラシーというのは，歴史の浅い映像メディアのことを知り，解釈し，使用し，表現するということを踏まえ，映像表現という分野において，モノづくりをしつつ考えてもらうことです。

　具体的には，20歳前後の若者のメディア接触は，SNSやYouTube，ニコニコ動画，さらにはTED，MOOCなど，すでに日常生活に埋め込まれており，その日常の学び，遊びを通して，メディアはいわば身体化している感すら抱かせます。たとえば，映像制作において「思うように表現できない」というような現象の意味を考えることが重要です。その乖離をいかにして狭めるかということ

とは，現代の教育では非常に重要な課題です。この課題の遂行には，たとえば，伝統的な大学での「教え込み型」の講義形式の範疇から離れ，担当教員も一緒に活動に参加するような束（1994）の指摘したような「滲み込み型」という教育方法もいいのではないでしょうか。一人ひとりが「学び合い変わる自分」といかに向き合い，さらに互いの「まなび」にどのように関わるのかという，正に共生社会を支える人材育成の意味が問われると思います。

他方，スマートフォン一つでジャーナリストの仕事のほとんどが完結してしまうような時代に，大学生の教養としてメディアとの共生を図ることの意味を今一度問い直すことが不可欠であると思われます。メディアのこちら側，向こう側には必ず人の存在があります。そのようなことを踏まえて，メディア表現を扱う授業科目として何をどのように教えたらよいのか，ということは非常に興味深い課題です。自己満足のメディア制作から，社会における互いとのかかわりの中で，情報のわかり手，受け手，使い手の視点と作り手の視点の間を自由に行き来する思考・感性の柔軟性を身につけることは重要であると思われます。そして，より意義のある「モノづくり」が授業という枠の中でどのような形になり得るのかということを強く意識して「学習実践活動」の形を見い出したいと考えます。

そのような中，第一段階としての講義科目，「メディア・コミュニケーション学」を学んだ学生が，次の段階として，授業内外を通して，メディア実践，社会参加ができるような学生によるメディア制作を通して，メディアを学ぶ，表現を学ぶ，人を学ぶ，自分を学ぶ，人とのかかわりを学ぶということが，「なぜ映像表現を学ぶのか」という問いに対する重要な解の一つなのかもしれません。さらには，高次の第三段階の「専門ゼミ」では，「卒業研究」として取り組む学びへとつながるようにつながり，一連の学びへと進んで行きます。そのような中，第二段階として，映像表現という活動を通して，さまざまな学びが埋め込まれているような本物の状況において，「モノづくりをする」という活動が生起され，学び手の視点が学び舎から学びの場へと移動し，課題遂行の作業に真剣に取り組みます。さらにそこでは，協働作業という実践共同体での具体的活動という形で進めるということに意義があると思われます。

大学生の基本的な教養としても，この様な教育実践活動がもつ意味は 21 世

紀型の新しいコンピテンスの育成と深く関連しています。リテラシーが文字通り識字であった時代から，映像，音声，そして身体が関わり，メディアが関連して来ている現代では，このようなさまざまなモードでの表現について実践的に学ぶことは，大学のカリキュラムにきちんと組み込まれる必要性を強く感じます。メディア消費者の定義に「責任ある表現，発信」という概念を大学教育にさらに具体的，体系的に居住させることはもはや必然的な社会的・教育的な要求であるといえるでしょうし，筆者自身日米の教育でこのようなことを30年以上実践してきた中で大学生も望むものであると理解されます。

● 1-2　なぜ実践，活動なのか

　映像制作という活動を，行為，操作，活動という観点で考えてみましょう。大雑把にいえば，映像制作という行為は1本の作品の制作作業が完成すればそれで終了します。また，カメラの使い方，編集ソフトの使い方というようなアルゴリズムに基づくような学びは，操作，手続きの学びということになります。実践練習として教室で制作する作品も，練習という意味からもやや機械的な学びの側面があり，映像制作という行為を中心に行っているといえますが，映像制作というモノづくりという活動を行ってもいます。その過程でメディアを使用し，学びのコミュニティ（制作班）で互いにかかわりながら協働作業をします。そして，作り手は，制作した作品を作り手でもあり，受け手でもある科目受講生間で相互評価（peer evaluation）しつつ，映像表現というものの本質，特徴などを覚え，理解し，応用できるようになっていきます。「意図して編集したのに意図した通りに伝わらないもの」「意図しなかったことが伝わってしまうこと」を何度か経験して，創造的な映像表現という一連の活動の意味を考え，送り手，受け手の立場を行きつ，戻りつして，映像表現の解釈の幅を認識し，拡張していきます。ここまでは，いわゆる映像制作の基礎基本の部分であり，やや実験室的，試験的な制作であるということになります。このような作業のサイクルを2回，3回と繰り返すうちに，静止画，動画の記号論的解釈，メディア属性や言語との相違点，時系列での流れ，映像表現の論理性，美観という重要な概念の習得も，徐々に進んでいきます。プロが制作したものを異なった視点で丁寧に分析するという作業もこの段階では重要な作業です。映像表現をするとい

う目的遂行にメディアという道具を使用することで，目的遂行がより明確になり，同時に道具の使い方が自分たちに取り込まれていくようになります。

　教室内での活動には社会との接点があまりありません。そこで，遂行する目的が地域コミュニティでの課題，問題を解決するというものになると，状況がより本物になり，かかわるコミュニティとの協働作業という側面が加わります。その結果，映像制作という活動が広がり，学び舎を出て，学び場へと移って行きます。行為がより意味のある活動へと広がりをもつようになります。

　覚えたこと，わかったことを基にそれを応用してみる，そしてそれが何かしら社会とのかかわりをもつというようなレベルまで保証されるような活動を実現することには意味があります。教室で学んだことを踏まえて，目的をもち，参加者が共有する状況，社会参加において制作をすることは教育的な活動として捉えられます。たとえば，小学校の資料室にある古い農機具の名称，機能，時代などを調べ，映像資料としてまとめる，というような PBL を遂行するとします。そうなると参加主体者は，基礎基本の操作を覚え，知識を獲得し，練習としての映像制作を行為として始め，徐々に活動に広げ，道具としてのメディアの使い方，ノンリニア編集での表現などの知識，技術などを経由して，活動を遂行することになります。また作業グループ内での協働作業は，対人関係の学びにもなり，主張，妥協，合意形成というようなコミュニケーションにも主体的に参加していきます。

　このような活動では，大きな命題は与えられているものの，詳細な学びのカリキュラムは自分たちでデザインし，修正，上書きしつつ，形を整えていきます。

　この学習共同体での活動の重要性は，学びの途中で起きることがそのまま教材であり，教科書であるということです。最初の定型的に決まった学習を発展させて，「フィールドに出る」ことでより確かな学びを創出することがこの科目の意義です。また，このように場を共有し，目的を遂行することによって，メディアスキル，表現も向上していくことになります。

● 1-3　なぜ「本物の状況」なのか

　我々は教育において，しばしば学ぶ場・状況への参加の重要性という言葉を用いることがあります。その状況に存在する「実践的共同体」への参加によっ

て，参加者の実践を通して，学びが生起され，参加者同士のいろいろな学びが活性化されます。そしてそこには，教えるという概念の対局に存在する学習という概念とは異なった「学び」があります。本物の状況 (authentic situation) というものは，いろいろと興味深い要素を含んでいます。もちろん，教室の中，あるいは個人の中で本物を想定し，学びを進めることは大切なのですが，実際の状況というものにも大きな意味があります。そこには教室では購えないような教え・学び・気づきが存在します。教師－学習者という構図がかなり固定的である教室では，一般に学習者はややもすると受け身の学習をし，主体的な学びはなかなか発生しにくくなります。

　人の主体的な学びが生じるには，全員が実践者である学びの状況が本物 (authenticity) であり，流動的であり，かついろいろな要素，条件が複雑に絡み合う場であるということが重要だと思われます。また，自分たちの学び，活動の結果になにかしらの責任を取らなければならない場であることがよいでしょう。そして教える側も学ぶ側もその状況の意味を共有していなければならないという前提があります。単に物理的な状況を共有しているのではなく，ある命題に対して，その状況がどのような意味，機能をもち，変化する自分の参加が，どのようにその共有する状況に働きかけるのか，また，その状況が個々人に働きかけるものは，どのようなものかというような社会構成主義の観点を含んでいることが重要でしょう。学校教育の場では，教師と学習者は立場が区別された参加者であるため，状況内での柔軟性というものが生じにくくはありますが，教師が同じ目的をもち，協働的な活動をするような場合にはある程度，共に「状況から学ぶ」「行動しながら学ぶ」ということが成り立つでしょう。

　映像制作の授業では，実験室で完結するような擬似的な制作行為 (simulated production) ではなく，授業を担当する私とともに，会社組織や，学校組織という現存する本物のコミュニティに参加していき，状況，課題を映像で表現することが相手のニーズに合致していて，なおかつ役に立つということでしょう。そして，その実践共同体である「映像制作作業」科目に登録，参加していく中で，私との関係において，さまざまな視点，価値観が共有され，理解され，かつ表現するメッセージをもつということになるでしょう。この点は，映像表現が自由に行えるような YouTube のようなシステムとは目的が異なると思われ

ます。自由に制作し，アップロードし，多くの人に視聴してもらい，ある程度の評価を受けるというやり方と，まず制作のニーズがあって，完成作品は明確な目的をもち，完成した作品は受け手の賛同，批判を得なくてはならず，また，依頼主との合意形成の範囲内でも適切に評価されることになります。

このような一連の作業では，映像制作以前の企画，アポ取り，交渉，インタビュー，取材，映像修正などいろいろな折衝，交渉を通じて，参加者の意識，学びのベースが部分的な参加から全体的なものへと変化していきます。映像制作という核はあるものの，そこに行き着くまで，事後の評価などを通じて参加学生にとっては「他人ごと」が「自分ごと」の活動になっていくようになります。

2 学習の意義

● 2-1 実践の背景

本授業実践では，映像表現の実践的活動を，学びの共同体で，協働して行うということを意図しています。個々人のスキル習得，経験の共有，知識の蓄積と共有，作品制作という実践が共有され，活動への参加が個々人の成長・学びに還元され，同時に個々人の成長が当該コミュニティの成長へとつながっていくと考えられます。

メディア教育・学習という視点で歴史的な流れを俯瞰すると，直接的にはかつての，Understanding media（McLuhan, 1964）から，Teaching the media（マスターマン, 2010）への流れが参考になるでしょう。実際にはそれ以前にもテレビ教育，ラジオ教育という概念が，キース・タイラー，エドガー・デールなどを中心に1920年代から1930年代にかけて米国の教育現場で紹介され，実践されてはいました。その後，戦争により1940年代には停滞をしていた時期があり，戦後になって，初めてメディアをシステムとして分類したといわれるデールの経験の円錐（Cone of Experience）を経て，1960年代のマクルーハンのマスメディアの分析につながっていると考えるのが自然でしょう。

実際には日本でも第二次世界大戦以前に，映像教育（興行映画，講堂映画といった捉え方から，映画教育を分析した）ということは教育現場でなされていましたが，戦後20年以上を経て，デール教授が日本に招かれて講演をしたということ

もあり，一部の研究者，教員の間では，メディア教育というものは着実につながってきていました。さらに，それを教育へのつながりとして，マクルーハンの後継者であり，カナダの高校教員でもあるバリー・ダンカンがメディア教育分野で発展させ，さらにそれを英国から推進してきているのがレン・マスターマンであり，このメディア・リテラシー教育に関する彼らの功績は日本国内外を通じて大きいと思われます。本授業は，このようなメディア教育の系譜の中でも，映像表現の基本を理解した上で，制作活動に焦点を当てて実践活動を行っているという位置づけです。

一方，現代において，メディアを教育にどのように埋め込むのかということに関しては，英国の国家プロジェクトの実践が参考になるでしょう。そのプロジェクトは，2002-2011年まで実施されていたCreative Partnership Programmeという，学校と専門家集団との協働活動を通して，創造力の育成を目標とした教育プログラムです。この全英教育プログラムは，2015年現在は，Creativity Culture & Educationというプログラムに引き継がれていて，以下の三つの目標をめざして活動しています（http://www.creativitycultureeducation.org/research-aims）。

> 1) To build an evidence base for the value and impact of creativity in the learning of young people（若い人たちの学習における創造性の価値と影響力を支持する根拠資料を集める）
> 2) To inform future policy and practice（将来の政策や実践に影響を与える）
> 3) To build networks of academics and thinkers with a focus on creativity in education（教育における創造性に焦点をおく学者や思想家のネットワークをつくる）

具体的には，さまざまな分野の専門家団体とのつながりの中で，費用，経費を国と学校の予算で折半し，リクエストを送った学校に専門家を招き，保護者，教員，生徒を含めてワークショップなどの実践活動を行っています。実際，参加生徒の将来の職業に関わってくるような実践報告もされており，多種多様なプロジェクトの中に，メディアに関するワークショップが含まれています。例

を挙げれば,「Find Your Talent」(http://www.findyourtalent.org/) というプログラムの中に, film/moving image, visual arts, new media, photography といった本授業とも関連する多くのプロジェクトが走っていることが確認されます。

英国では, これらの実践活動を, 固定した学校カリキュラムの一部として位置づけるのではなく, 課外の活動として位置づけているという特色も興味深いことです。それは, カナダでの国語におけるメディアという学習項目での位置づけとは根本的に異なっており, 日本においても, 中等教育での実施においては, その違いの意味が参考になると思われます。

● 2-2 教育活動として

上記のような背景を踏まえて, 本授業科目で扱うメディア制作, メディア表現という実践活動は, もともと, メディア消費者の立場からメディアとは何か, 我々はメディアと一体どのように接し, 共生していくことが互いの幸せにつながるのであろうか, という今の時代では大きく, かつ, 重要な問題提起から出発しています。そして, そのことをきちんとした教育制度の中で伝え切ることが不可欠であるという姿勢の基に計画, 実施されています。メディアを言語と同様のメディアテクストとして捉え, 読み解き, 解釈を中心に教えるのか, あるいは, 作品を対社会的な意義, メッセージとして分析するのかという点もさらにこれからの課題でしょう。さらに映像作品という枠に絞るにしても, はたして, それを表現芸術として位置づけるのか, あるいはジャーナリズム, ドキュメンタリーの媒体として捉えるのか, ということもまだこれからの議論を待たなければならないでしょう。

メディアがまだ, 特別な人, 組織のもとにあった時代には, 人々はメディアそのもののもつ属性, あるいはメディアが伝えるメッセージ全般を適切に批判するということができずに, 与えられたものとして信託していました。国がメディアをもつ事の恐ろしさ, 間違いを経験した日本においてすら, 21世紀の今になっても, メディアの事実に関するメッセージを真実のものであると素直に受け入れる人は多いでしょう。同時に, 現代はメディア接触 (SNS など) が日常ごとになり, そこにどのような倫理観, 学習観, 価値観を置くのかという選択は, 暗黙のまま個人のはなはだ心もとない主観的判断に任されています。メデ

ィアとは何か，自分にとってどのような位置づけにあり，何を想起させ，生起し，何をどのように助長する「人工物」（= artifact）なのか，ということの理解には，系統立てて教え，学ぶという作業が必要であると思います。あるいは，何かの目的遂行，あるいは自己成長のための媒介物（mediating artifact）であると捉えれば，その目的遂行の活動との関係はどのようなもので，どのような様相を呈しているのであるかということを，成人になるまでにある程度理解しておく必要があると思います。そして，それを義務教育で扱わない以上，せめて社会での経済活動に本格的に従事する前に，一通り理解しておく必要もあります。

このようなメディア教育，メディア理解，つまり，人が生きていくために不可欠なコンピテンスとしてのメディア・リテラシーを具体的にどのように育成するのかということは，現時点では以下の3レベルで捉えられることが多いです。

[1] メディア（メッセージ）の適切な理解，読み解き

鈴木（1997）が定義するメディアリテラシーは，「市民がメディアにアクセスし，分析し，評価し，多様な形態でコミュニケーションを創りだす能力」であり，メディアの読み解き，受動的な面がやや強調されています。ここではメディア属性，映像文法，テキスト／映像分析などに関する知識の獲得が重要であるとされています。また，オーディエンスに関する属性，特色，先行知識・経験・スキル，自己の学びに関することもある程度知っておく必要があるでしょう。

[2] メディア（メッセージ）の適切な使用

インターネット上にあふれかえっている無限にも思える情報を峻別し，分類し，合目的的，かつ対人的，個人内の点からも適切に使用する能力は重要です。伝えられている内容，構成，構造を理解すると同時に，ビジュアル，言語，非言語（パラ言語として捉えてもよい）メッセージを適切に解釈する（= critical viewing）能力の育成が不足していることは否めません。その結果，無手勝流，我流の解釈，理解が相互にぶつかり，摩擦を生み，衝突し，紛争にまでつながり始めています。

[3] メディア（メッセージ）の適切，かつ，効果的な創造

　メディア制作のための機材，システムが簡便，安価になった現在，発信の方法の修得にはさほど困難を要しません。それゆえに，「垂れ流しの映像」「言いっぱなしのメッセージ」などの「デジタルゴミ」としない，視聴者，聴取者，メッセージの受け手のことを思いやるメディア創造のための教育には意義があります。実際にメディアを介してのかかわりは，直接見える，会える人とのつながりでないことが多いと思います。複数の価値観を受容し，育成し，メッセージの受け手である見えない人を想像し，創造活動をすることの危険，楽しさ，ルール，倫理といったものを正面から捉えることの重要性を提案するのが本授業の狙いです。そのなかで立場，視点を変えることの意義に気づき，学ぶことが大切でしょう。

　映像メディア表現をどの枠で，どの学齢でとりあげるのがよいのかという議論が遅れているうちに，現実社会とのメディア接触は，SNS などを通じて，恐ろしいほどの速度で進んでいます。その結果，適切な視聴（critical viewing）ができなかったり，倫理，法律に反する言動が増え続けることにもつながりかねないということを十分意識し，関連科目と関連づけて本授業を進めていくことに意義があると考えられます。

3　アクティブ・ラーニング事例

　本事例では，学んだことの一つひとつが相対的，全体的な形で可視化される映像制作のプロセスに興味をもって，活動してもらうということを意図しています。映像表現に関する知識の学習，スキルの獲得が整合性を取り，作品という形で完成，発表し，評価を得て，意図したことと表象されたことの違いが他者評価をもって価値をもつことを知ることがこの科目の主題です。

● 3-1　授業の流れ

　本科目は，授業担当者が米国留学時に TA として授業を手伝っていたときの教育・学習経験をもとにして，授業の内容，方法を exportable にするという国際性も意識しているため，目処として学期を通じて授業の約 70％ を英語で行います。作品発表のプレゼンテーションは英語で行います。事前課題（Reading

第8章 映像表現という活動　*189*

表8-1　授業の概要

授業科目	Media Production Studies
対象学生	人間科学部の1～4年生30名以内 授業言語は70％程度が英語であるため，ある程度読み聞いて理解し，口頭でプレゼンテーションが出来るレベル（例　TOEIC650＋，STEP2＋）が望ましい。
到達目標	①撮影技術，メディア表現，映像表現の基礎的なことを理解する。 ②撮影，編集，映像表現技術を習得する。 ③メディア消費者からメディア制作者へと視点を移動することを理解する。 ④制作を通して学外コミュニティとのかかわり方を理解する。 ⑤意図したメッセージをマルチ表現モードで作品にすることができる。 ⑥協働作業時に生起される諸課題の解決，合意形成ができる。 ⑦見せ方と見られ方の違いを認識することができる。 ⑧イメージしたことと表現できることの違いの原因を理解する。 ⑨制作した作品をプレゼンテーションするときの基礎的なことを理解する。
アクティブ・ラーニングの方法	①映像制作活動のためのディスカッションと発表後の振り返り ②映像文法が埋め込まれた映像表現を理解するための責任ある相互批評 ③協働的なグループ活動において異なる互いの意見の尊重 ④制作依頼者がきちんと評価できるような自律，自立した「モノづくり」
学習評価の方法	①最初の5回の授業開始時での小テスト（事前課題に関する）　20点 ②出席　30点 ③発表した作品の相互評価　20点 ④作品に関するconcept sheet，storyboardなどの提出30点

assignment）は自主学習であり，時間をかけられます。講義での英語での表現は意識して短い文にし，必要に応じて繰り返し，あるいは言い換えることにより，理解度を高める工夫をします。言語負荷の比較的少ない学びである「スキル習得」「ものづくり」活動も多いため，英語力が多少不足していても，学習継続は可能です。さらに，プレゼンテーションは原則的に英語で行いますが，個別のグループ内での活動時には日本語使用を認めています。本科目では，映像制作に必要な機材（カメラ，ノンリニア編集プログラムがインストールされているPCなど）は各グループに一式用意します。

授業は前半5回を基礎的知識の習得とし，毎回前週に大学のLMSであるCourseN@viシステムを利用し，事前課題を配布します。5回の小テストは授業開始時から10分で行い，採点し，翌週返却します。また，学期を通して，毎回の授業終了時に各受講生は5分程度で授業の振り返りをフィードバック用紙に記入し，担当教員はそれを回収して，コメントをつけて翌週返却します。

表 8-2　授業の進行

〈第 1 回～第 6 回：メディア表現技法の学習〉

回	日付	学習内容	目標	授業方法	予復習課題
1	9月25日	授業紹介：映像表現についての現状の理解	メディア表現，映像表現の基礎的な理解（到達目標①③⑧）	ミニレクチャー ディスカッション グループ作業	特になし
2	10月2日	Comprehension checkout of the reading material #1 Visual と verbal の違いと特徴を表現時にどのように生かすのか	メディア表現，映像表現の基礎的な理解 映像と文字との関係の理解（到達目標①②⑤⑥）	Quiz #1 ミニレクチャー ディスカッション グループ作業	Reading assignment #1 "Visuals & verbal" by Ogasawara 1993
3	10月9日	Comprehension checkout of the reading material #2 写実性と色彩，提示の方法と編集するということについて理解を深める：広告と TVCM を用いて例示，考察	メディア表現，映像表現の基礎的な理解 画面分割などの意味の理解（到達目標①②⑤⑥）	Quiz #2 ミニレクチャー ディスカッション グループ作業	Reading assignment #2 "Visual Principles" by Heinich, others 2002
4	10月16日	Comprehension checkout of the reading material #3 表現する，映像表象が具体的にどのように用いられているのか：TVCM を用いて例示，考察	メディア表現，映像表現の基礎的な理解 表象するということ（到達目標①②⑤⑥⑧）	Quiz #3 ミニレクチャー ディスカッション グループ作業	Reading assignment #3 "Representation, Identity and the Media" by Bernstein 2002
5	10月23日	Comprehension checkout of the reading material #4 メディアメッセージを適切に解釈することの重要性と主観性について考える：TVCM を用いて例示，考察	メディア表現，映像表現のスキルの基礎的な理解（到達目標②③⑥）	Quiz #4 ミニレクチャー ディスカッション グループ作業	Reading assignment #4 "Media Literacy Approach" by Potter 2008
6	10月30日	Comprehension checkout of the reading material #5 シンボルシステムとしての記号論的なアプローチと映像技法の紹介：広告，TVCM を用いて考察	メディア表現，映像表現のスキルの基礎的な理解 記号論的なアプローチ（到達目標②③⑥）	Quiz #5 ミニレクチャー ディスカッション グループ作業	Reading assignment #5 "Pictures, music, speech and writing" by Cook 1996

〈第 7 回～第 15 回：グループでの映像制作実習〉

回	日付	学習内容	目標	授業方法	予復習課題
7	11月6日	グループでの映像制作 #1 CM の分析表を用いて分析をする 絵コンテの書き方について理解して，作成できるようにする 第1回のテーマは，「流れる」	メディア制作をし，プレゼンテーションをし，評価を受ける（到達目標②③⑤⑥⑦⑧⑨）	ディスカッション グループ作業	Collaborative group activities
8	11月13日	グループでの映像制作 #1 テーマは，「流れる」 実際の撮影，編集作業	メディア制作をし，プレゼンテーションをし，評価を受ける（到達目標②③⑤⑥⑦⑧⑨）	作品の発表 相互評価 ディスカッション グループ作業 発表はすべて録画し，LMS にアップし，全員が再度視聴し振り返る	Collaborative group activities
9	11月20日	グループでの映像制作 #2 第2回目のテーマは，「古い農工具の knowledge base を作成する」	メディア制作をし，プレゼンテーションをし，評価を受ける（到達目標②③④⑤⑥⑦⑧⑨）	グループ作業	Collaborative group activities

回	日付	学習内容	目標	授業方法	予復習課題
10	11月27日	グループでの映像制作 #2 第2回目のテーマは，「古い農工具の knowledge base を作成する」	メディア制作をし，プレゼンテーションをし，評価を受ける（到達目標②③④⑤⑥⑦⑧⑨）	グループ作業	Collaborative group activities
11	12月4日	グループでの映像制作 #2 第2回目のテーマは，「古い農工具の knowledge base を作成する」 この作品は統合して，近隣の小学校に寄贈する	メディア制作をし，プレゼンテーションをし，評価を受ける（到達目標②③④⑤⑥⑦⑧⑨）	作品の発表 相互評価 ディスカッション グループ作業 発表はすべて録画し，LMS にアップし，全員が再度視聴し振り返る	Collaborative group activities
12	12月11日	グループでの映像制作 #3 第3回目のテーマは，「自分たちで考えた CM を作る」15秒の作品　複数制作可	メディア制作をし，プレゼンテーションをし，評価を受ける（到達目標②③⑤⑥⑦⑧⑨）	グループ作業	Collaborative group activities
13	12月18日	グループでの映像制作 #3 第3回目のテーマは，「自分たちで考えた CM を作る」15秒の作品　複数制作可	メディア制作をし，プレゼンテーションをし，評価を受ける（到達目標②③⑤⑥⑦⑧⑨）	作品の発表 相互評価 ディスカッション グループ作業 発表はすべて録画し，LMS にアップし，全員が再度視聴し振り返る	Collaborative group activities
14	1月8日	グループでの映像制作 #4 Final project のテーマは，「ストーリー性，メッセージ性のある作品を作る」180秒以内	メディア制作をし，プレゼンテーションをし，評価を受ける（到達目標②③⑤⑥⑦⑧⑨）	グループ作業	Collaborative group activities
15	1月15日	グループでの映像制作 #4 Final project のテーマは，「ストーリー性，メッセージ性のある作品を作る」180秒以内	メディア制作をし，プレゼンテーションをし，評価を受ける（到達目標②③⑤⑥⑦⑧⑨）	グループ作業	Collaborative group activities
16	1月22日	授業の総括 授業のアンケート実施	メディア制作をし，プレゼンテーションをし，評価を受ける（到達目標②③⑤⑥⑦⑧⑨）	作品の発表 相互評価 ディスカッション グループ作業 発表はすべて録画し，LMS にアップし，全員が再度視聴し振り返る	グループでの打ち合わせ

　後半8週は，作品制作が中心となり，授業内外の時間を使い，制作活動をします．制作した作品は，クラスで発表し，担当教員，授業の TA らも混じって，作品を振り返りつつ，ディスカッションを英語で行います．

● 3-2　学習の評価
　この授業の評価の基本は，毎回こつこつと努力した分の評価と，アイデア，グループ活動で創造的に制作した部分を総合的に評価するというものです．

授業最初の5回の小テスト（5点／回）は，合計点が25点になるのですが，よい点の上位4回分（5点×4回＝20点）を評価の対象とします。最も低い点の回を省く理由は，欠席も含め，加点式の発想で，よい所を評価するという方針から，1回の不振を認めるということです。これは，出席も80％以上を要求するという発想（後述）と連動しています。実施した小テストは，必ずコメントをつけて翌週に返却します。また，試験に集中する意味で授業開始時から小テスト終了時まではドアを中から施錠します。小テスト終了後には解錠します。これには別の意味もあります。実際に外部での取材時などで遅れるということはあり得ないことですし，たいへん失礼，そして取材そのものに支障をきたしかねません。そのような意味で，ある程度のルールは守れるようにしておきます。

事前課題は，前の週に，CourseN@viにアップロードしておきます。復習よりも予習に力点を置いて授業を進めるため，事前学習が重要となるような仕組み，評価法を用いています。

出席に関しては，80％以上を要求し，1回を2点として15回分30点として評価します。遅刻，早退については特に考慮しません。授業開始時に席に座っているのではなく，すでに頭の中を「活性化」して，どのような学び，活動にも対応できる自分を準備しておいて欲しいと思います。

実際の制作は，3作品を超えますが，そのうち最後の2作品を50点として評価します。Concept sheet, Storyboard, 作品そのものの評価が30点，プレゼンテーション時のやりとりが20点の配点となります。制作に関して作成したものは，すべて提出してもらいますから，必ず自分（たち）のコピーをとっておくことも重要です。

● 3-3 授業の進行

授業の各回の内容は表8-1を参照してください。実際の制作作業に移る前に，最初の5週間をかけて，映像表現，記号論，写実性，映像文法，映像のレトリック，メタファーなどの基礎的な事柄をCourseN@viの資料コンテンツにアップした論文などの資料を基にし，実際の映像を視聴，批評しつつ理解します。この作業において，映像消費者から作り手へと視点を移動させることを認識し，共通の課題で，静止画，動画，音声，効果音などを使用して映像制作を行って

行きます。

　共通のテーマ（例　purple, flow, unusual）からまず，グループ内でブレインストーミング（結論を出さない，収束しない，ときに奇抜な意見の交換），コンセプト・マッピング（概念相互の関連，位置関係を視覚化する）をしつつ，アイデアを豊かにし，主体的に取り組み，制作へと進みます。完成作品はグループプレゼンの後，ディスカッションを行い，相互評価をします。それらを踏まえて，もう一度同じテーマで再制作して，発表します。

　図8-1から図8-5に，学生の作品の例を示します。

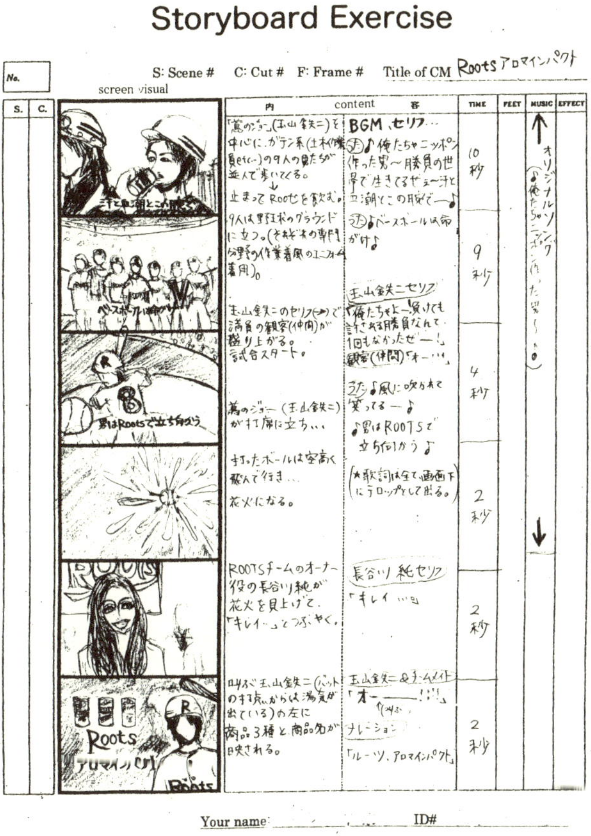

図 8-1　Storyboard（絵コンテ）の例 1

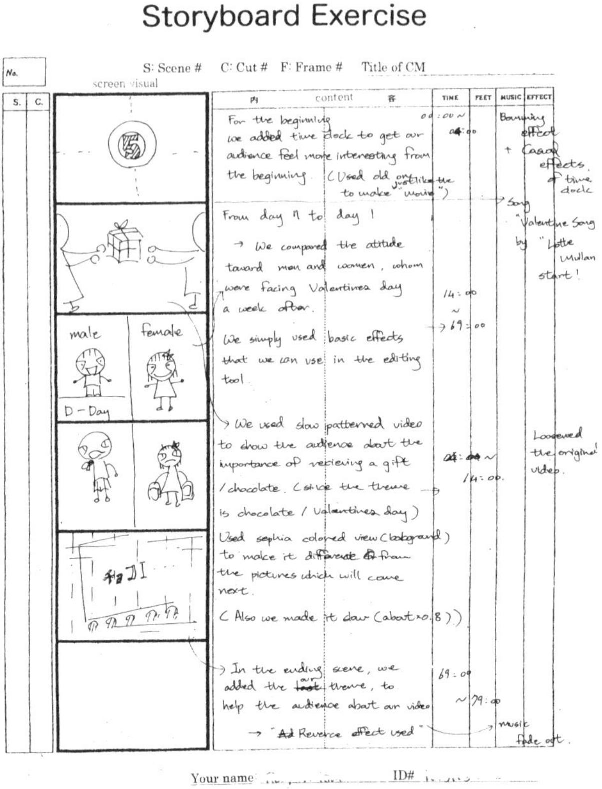

Storyboard Exercise

図 8-2 Storyboard（絵コンテ）の例 2

図 8-3 学生作品例 1 題「噂流しちゃ，ダメ，絶対！」より
盗撮したものを LINE で流すことによる恋愛トラブルが題材となっている作品（2 分 52 秒）です。

第8章　映像表現という活動　　195

図 8-4　学生作品例 2　題「Time does not stop . . .　Time does go on.」より
農家，教員，主婦，サラリーマンなど自分たちの数年後を
イメージしてその様子を演じた作品（2分28秒）です。

図 8-5　グループ内での意見交換

● 3-4　授業の評価

参考までに，「授業アンケート」の結果からいくつか掲載します。毎年最終授業では「授業のアンケート」（7分野42問；五段階尺度評価でうち3問が自由記述式）を実施しています。

「よい授業」の構成概念を7分野（教材・課題・試験，教員，授業方法，学習環境，授業言語，有用性，全体）に分けて尋ねています。その結果，以下のようなことが明らかになっているので過去3年間のデータから一部を紹介します。

質問2：全体として「この授業に満足している」という質問
2013年　4.69　（受講生数13名）
2012年　4.84　（受講生数25名）
2011年　4.55　（受講生数20名）

この結果は馴染みの少ない映像制作という課題や授業言語としての英語理解・発信での困難さがあるものの，真面目に，自分の学びに関して，主体的に取り組んだ結果として満足度が高くなったのではないかと思われます。

「この授業で役に立ったと思う事はなんですか。」という質問40（自由記述）
・視点を変えることの意味がわかった。
・学生の積極性が必要だと思った。
・映像で表現することの難しさがわかった。
・考える習慣が身についた。

この結果のようなコメントが，過去3年間で，相対的に多かったことを付記しておきます。文字による表現を中心に学習してきた多くの学生にとって，映像でメッセージを送ること，さらにそこにストーリーがあって伝える（伝えなければならない）ということは映像の視聴者から制作者への視点転換のみでなく，今までの「わかる」「わかってもらう」ということの意味，ルールなど既存知識を拡張，転換しなくてはならないことも多々あったことが，授業担当者として

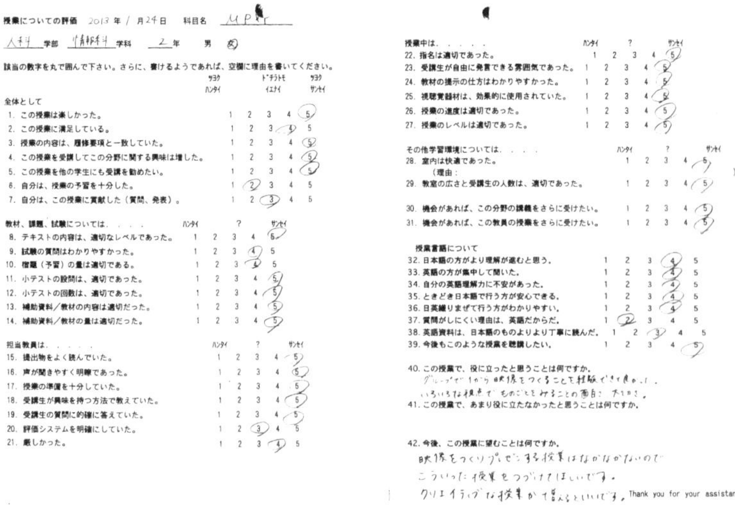
授業についての評価　2013 年 1 月 24 日　科目名 MPr
人科 学部　情報科 学科　2 年　男 女
該当の数字を丸で囲んで下さい。さらに、書けるようであれば、空欄に理由を書いてください。
ツヨク ハンタイ　ドチラトモ イエナイ　ツヨク サンセイ
全体として
1. この授業は楽しかった。 1 2 3 4 5
2. この授業に満足している。 1 2 3 4 5
3. 授業の内容は、履修要項と一致していた。 1 2 3 4 5
4. この授業を受講してこの分野に関する興味は増した。 1 2 3 4 5
5. この授業を他の学生にも受講を勧めたい。 1 2 3 4 5
6. 自分は、授業の予習を十分した。 1 2 3 4 5
7. 自分は、この授業に貢献した（質問、発表）。 1 2 3 4 5
教材、課題、試験については．．．．　ハンタイ　？　サンセイ
8. テキストの内容は、適切なレベルであった。 1 2 3 4 5
9. 試験の質問はわかりやすかった。 1 2 3 4 5
10. 宿題（予習）の量は適切である。 1 2 3 4 5
11. 小テストの設問は、適切であった。 1 2 3 4 5
12. 小テストの回数は、適切であった。 1 2 3 4 5
13. 補助資料／教材の内容は適切だった。 1 2 3 4 5
14. 補助資料／教材の量は適切だった。 1 2 3 4 5
担当教員は．．．．．　ハンタイ　？　サンセイ
15. 提出物をよく読んでいた。 1 2 3 4 5
16. 声が聞きやすく明瞭であった。 1 2 3 4 5
17. 授業の準備を十分していた。 1 2 3 4 5
18. 受講生が興味を持つ方法で教えていた。 1 2 3 4 5
19. 受講生の質問に的確に答えていた。 1 2 3 4 5
20. 評価システムを明確にしていた。 1 2 3 4 5
21. 厳しかった。 1 2 3 4 5
授業中は．．．．．　ハンタイ　？　サンセイ
22. 指名は適切であった。 1 2 3 4 5
23. 受講生が自由に発言できる雰囲気であった。 1 2 3 4 5
24. 教材の提示の仕方はわかりやすかった。 1 2 3 4 5
25. 視聴覚器材は、効果的に使用されていた。 1 2 3 4 5
26. 授業の進度は適切であった。 1 2 3 4 5
27. 授業のレベルは適切であった。 1 2 3 4 5
その他学習環境については．．．．　ハンタイ　？　サンセイ
28. 室内は快適であった。 1 2 3 4 5
（理由：　）
29. 教室の広さと受講生の人数は、適切であった。 1 2 3 4 5
30. 機会があれば、この分野の講義をさらに受けたい。 1 2 3 4 5
31. 機会があれば、この教員の授業をさらに受けたい。 1 2 3 4 5
授業言語について
32. 日本語の方がより理解が進むと思う。 1 2 3 4 5
33. 英語の方が集中して聞いた。 1 2 3 4 5
34. 自分の英語理解力に不安があった。 1 2 3 4 5
35. ときどき日本語で行う方が安心できる。 1 2 3 4 5
36. 日英織りまぜて行う方がわかりやすい。 1 2 3 4 5
37. 質問がしにくい理由は、英語だからだ。 1 2 3 4 5
38. 英語資料は、日本語のものよりより丁寧に読んだ。 1 2 3 4 5
39. 今後もこのような授業を聴講したい。 1 2 3 4 5
40. この授業で、役に立ったと思うことは何ですか。
グループで1から映像をつくることを経験できて良かった。
いろいろな視点でものごとをみることの面白さ、大切さ。
41. この授業で、あまり役に立たなかったと思うことは何ですか。
42. 今後、この授業に望むことは何ですか。
映像をつくりプレゼンする授業はなかなかないので
こういった授業をつづけてほしいです。
クリエイティブな授業が増えるといいです。
Thank you for your assistance.

図 8-6　授業アンケートの例

しばしば観察されました。映像表現活動そのものが,「正解のない問い」への複数ある回答をそれぞれ考えることですから，マニュアルもなく，ディスカッション，撮影，編集という活動の連続を通して，積極的にならざるを得なかったということだと思われます。授業アンケートの例を図 8-6 に示しました。

4 授業化のためのヒント

● 4-1 学習効果を高めるためのポイント提言

[1] 主体的に学ぶことの重要性を知る

基礎的な映像表現の知識，スキルは教えられますが，その後は自分たちで学びを深めていくことになります。試行錯誤というよりも，想像力，表現力を研ぎすませて，自分たちで方向性を決め，メッセージを決め，映像を決めていくという合意形成のプロセスが授業の中心となります。それは，与えられたものを正しくこなす，答えのある問いの解を探す，という作業とは異質な活動です。人との協力，ツールを使用，コミュニティに自主的，十全的に参加することによって目標を達するという事で授業を楽しむことが期待されます。

[2] 映像表現と文字表現の違いを知る

教育では言語の占める部分が多くあります。試験も文字で回答し，質問に対する答えも言語で行います。一方，我々の社会は映像，画像，音というものでの伝えが多く存在し，重要であり，それらを使用して社会活動を営んでいます。しかしその意味，潜在性，使用方法については系統的に学ぶ機会がほとんどないという現実があります。本授業では，メッセージの表現モード（映像，音声，文字，身体）間の自在な移動，組み合わせをデザインし，その表現方法と共に紹介し，実際に制作し，相互評価をし，豊かな表現，柔らかく，より効果的な伝え合いができるようになることを目指します。

[3] メディア消費者から制作者の視点を加える

メディアは身近であるが故に，消費者，視聴者の視点，価値観を離れる事，その意味について自主的に学ぶことはなかなか困難です。制作者としての意図の

具現化を学びの活動として行うときに，両方の視点というものを意識し，視点間で行き来するという作業は，自主制作物のプレゼンテーションを行い，事後評価，ディスカッションを行うことで徐々に理解を深めることができます。本授業では，映像・音声で描き出す，伝えるという作業でさまざまな立場，視点に立つことの重要性を考え，理解します。

［4］映像表現をベースにした「ものづくり」をする

デジタル・ネイティブ世代のものづくりは，身近な映像というメディアが適切でしょう。ものづくりの活動は，多くの学びの要素を含んでいます。知識，技術，コミュニケーション，機材，予算，スケジュール，評価，合意形成，納期などを一定期間で共同作業として完遂しなくてはなりません。そこに個人がどのように参加しているのか，ということも時間，経験とともに変化していきます。その変化の過程に大きな学びがあります。

［5］英語を使いつつ，言葉の伝えを学ぶ

この授業は英語の科目ではありません。本授業で英語を多く使用する意図は，授業を exportable にすること，国際化すること，というものです。自分独自のメッセージを自分の言葉で伝え合うことを学びます。そして，作品は，クラスメートに批評，批判され，それに対して制作者は反論し，説明，正当化を試みます。コミュニケーションの本質は突然性です。状況，文脈の中でしか言葉は鍛えられません。そのことを身を以て学ぶという活動を経験し，学びを深めていきます。

第8章 映像表現という活動

□ キーワード解説 □

①メディア・リテラシー

現代社会を生き抜くために，人との共生，メディアとの共生，言い換えればメディアを人間相互の幸福のために使用するようなコミュニケーション活動は重要です。その基礎となるコンピテンスの一つが，メディア・リテラシーです。メディアを適切に読み解く（＝解釈する）こと，社会的な文脈，自分のため，社会のために適切に使用すること，そして，意図したメッセージを映像，音声などを駆使してより効果的に表現する制作活動の3要素が柱となります。

②活動理論

今まで，学ぶということは主に個人の行動，技術の変化，書き換え，蓄積であったものに対して，活動理論では，学ぶということが，学びの共同体の中で生起され，目標に向かう協働的な実践の中に展開される能動的な活動として位置づけられ，参加者が状況を共有することによって，拡張されていく学びであると捉えられています。各人の認知，知識，技術といったものが，その人がかかわり参加する実践コミュニティへの働きかけ，あるいは実践コミュニティから個人への働きかけが相乗的に展開し，進んでいくという捉え方です。

③ PBL（Project-based learning）

学習者が自分（たち）の学びを主体的に行うという，学習者を中心に考える教育方法のひとつです。もともとはデューイの「蓄積し，つながる経験」の考えを参考にしていて，実際の状況において，ある学習目標を定め，課題解決の作業に取り組むことで学びを進め，深めるということを意図しています。一般に協働的なグループ活動の形態を取ることが多くあります。

■ リソース紹介 ■

① レン・マスターマン／宮崎寿子［訳］(2010). メディアを教える―クリティカルなアプローチへ 世界思想社

- マスターマンは，メディア・リテラシー育成という概念を初めて教育の現場へとつなぐ理論的な役割をした研究者です。メディアに関わる重要な概念である，メッセージのレトリック，イデオロギー，オーディエンス，学校カリキュラムへの応用などといった切り口から紹介し，教育でメディアのことを系統的に教えることの重要性を説いています。

② 山住勝広・ユーリア・エンゲストローム (2008). ノットワーキング―結び合う人間活動の創造へ 新曜社

- ヴィゴツキーに始まる第一世代の活動理論では，社会的な活動を個人が道具 (mediating artifact) などを介在させて目的に向かう行為と捉えていました。第二世代のレオンチェフらは，そこに「分業」「協業」という概念を取り入れて拡張し，さらにエンゲストロームらによる第三世代の研究者は，さらに活動の背後にある「動機」の重要性を社会的な文脈の中で加えています。さらに活動が「コミュニティ」「ルール」といったものにより媒介されるものであると拡張して説明しています。

③ 鈴木みどり［編］(1997). メディア・リテラシーを学ぶ人のために 世界思想社

- 鈴木みどりは，メディア・コミュニケーション研究者として，我々がいかにメディアと適切に共生するのか，という命題について，その意義と方法を紹介しています。メディア・リテラシーの定義として「市民がメディアにアクセスし，分析し，評価し，多様な形態でコミュニケーションを創りだす能力」と述べ，クリティカルな視聴，生きる力の観点からもその育成，獲得の重要性を指摘しています。

④ 田島充士 (2010). 分かったつもりのしくみを探る ナカニシヤ出版

- 田島充士は，教育心理学の視点から，我々がよく経験する「わかったつもり」という現象を，本書で解き明かそうとしています。一つの現象の理解において，日常的な経験で理解し，学び取ったものと，学校などで理論的に紹介されたものの間にギャップがある場合に起きることとして説明しています。「分かったつもり」現象は，ある現象，概念の理解の解釈に常に起き得る自他という視点による違いであり，「専有＝対話」という視点からの分析を主張しています。

⑤ 大貫恵理子・芝野友樹・宮本節子 (2007). 創って学ぼう著作権 社団法人私的録画補償金管理協会

- 大貫らは，初等中等教育における著作権の意識，認識を高めるために実際にワークショップを重ねて，「知的所有権」の重要性，違反した場合の違法性について教えています。デジタル社会では簡単にコピペができてしまい，違法性の認識も独創性への尊敬も薄らいでいることの問題点を実践活動を通して伝えています。

⑥ メディア・リテラシーや本文でもふれた Creativity Partnership Programme などについてのサイト

- メディア・リテラシー教育に関するカナダの協会　〈http://www.aml.ca/〉
- 映像制作とパブリックアクセスに関して　〈http://papertiger.org/〉
- Creativity Partnership Programme に関して
  〈http://www.creativitycultureeducation.org/creative-partnerships〉
- Creativity, Culture and Education の報告に関して
  〈http://www.creativitycultureeducation.org/tag/cce-research〉
  〈http://www.creativitycultureeducation.org/find-your-talent〉

【引用・参考文献】

Bernstein, A.（2002）. Representation, identity and the media. In, C. Newbold, O. Boyd-Barrett & H. V. D. D. Bulck. *The Media Book*. London: Arnold, pp.259-268.
Cook, G.（1996）. Pictures, music, speech and writing. In, The discourse of advertising. 2nd ed. London; Routledge, pp.42-63.
Heinich, R., Molenda, M., Russell, J. D. & Smaldino, S. E.（2002）. *Instructional media and technologies for learning*.（7th ed.）Upper Saddle River, NJ: Merrill Prentice Hall.
McLuhan, M.（1964）. *Understanding media: The extensious of man*. New York: McGraw-Hill.
Ogasawara, H.（1993）. What is "Visual"?: Toward the reconstruction of visual literacy concept. *Journal of Visual Literacy*, **18**(1), 111-120.
Potter, W. J.（2004）. *Theory of media literacy: a cognitive approach*. Thousand Oaks, CA: Sage.
Potter, W. J.（2008）. Media literacy approach. *Media literacy*, 4th ed., Thousand Oaks, CA: Sage., pp.11-28.
東　洋（1994）．日本人のしつけと教育　東京大学出版会
生田久美子（2011）．「わざ」から知る　東京大学出版会
岩本憲児・波多野哲朗（1998）．映画理論集成　古典理論から記号学の成立へ　フィルムアート社
大貫恵理子・芝野友樹・宮本節子（2007）．創って学ぼう著作権　社団法人私的録画補償金管理協会
佐伯　胖（1975）．学びの構造　東洋館出版社
佐藤　学（2009）．教師花伝書　小学館
鈴木みどり（1997）．メディア・リテラシーを学ぶ人のために　世界思想社
田島充士（2010）．分かったつもりのしくみを探る　ナカニシヤ出版
バーグマン, J・サムズ, A.／宮崎寿子［訳］（2014）．反転授業　オデッセイコミュニケーションズ（Bergman, J. & Sams, A.（2014）. *Flipped learning: Gateway to student engagement*. Eugene, OR: International Society for Technology in Education.）
マスターマン, L.／宮崎寿子［訳］（2010）．メディアを教える　世界思想社（Masterman, L.（1985）. *Teaching the media*. London: Comedia Publishing Group.）
山住勝広・エンゲストローム, Y.［編著］（2008）．ノットワーキング　結び合う人間活動の創造へ　新曜社

執筆者紹介（*は編者）

山地弘起* （やまじ・ひろき）
独立行政法人大学入試センター試験・研究副統括官
執筆担当：はしがき，第4章

岡田二郎 （おかだ・じろう）
長崎大学環境科学部教授
執筆担当：第1章

橋本優花里 （はしもと・ゆかり）
長崎県立大学地域創造学部教授
執筆担当：第2章

波佐間逸博 （はざま・いつひろ）
長崎大学多文化社会学部准教授
執筆担当：第3章

西田　治 （にしだ・おさむ）
長崎大学教育学部准教授
執筆担当：第5章

谷　美奈 （たに・みな）
帝塚山大学全学教育開発センター准教授
執筆担当：第6章

田中東子 （たなか・とうこ）
大妻女子大学文学部准教授
執筆担当：第7章

保崎則雄 （ほざき・のりお）
早稲田大学人間科学学術院教授
執筆担当：第8章

かかわりを拓くアクティブ・ラーニング
共生への基盤づくりに向けて

| 2016 年 8 月 30 日　初版第 1 刷発行 | 定価はカヴァーに表示してあります |

　編　者　山地弘起
　発行者　中西健夫
　発行所　株式会社ナカニシヤ出版
　〒606-8161　京都市左京区一乗寺木ノ本町 15 番地
　　　　　　　Telephone　075-723-0111
　　　　　　　Facsimile　075-723-0095
　　　Website　http://www.nakanishiya.co.jp/
　　　Email　iihon-ippai@nakanishiya.co.jp
　　　　　　　郵便振替　01030-0-13128

印刷・製本＝創栄図書印刷／装幀＝白沢　正
Copyright © 2016 by H. Yamaji
Printed in Japan.
ISBN978-4-7795-0975-9

本書のコピー，スキャン，デジタル化等の無断複製は著作権法上の例外を除き禁じられています。本書を代行業者等の第三者に依頼してスキャンやデジタル化することはたとえ個人や家庭内での利用であっても著作権法上認められていません。

ナカニシヤ出版 ◆ 書籍のご案内
表示の価格は本体価格です。

大学生の主体的学びを促すカリキュラム・デザイン
アクティブ・ラーニングの組織的展開にむけて
日本高等教育開発協会・ベネッセ教育総合研究所 [編]
佐藤浩章・山田剛史・樋口 健 [編集代表]
全国の国立・公立・私立大学の学科長へのアンケート調査と多様なケーススタディから見えてきたカリキュラム改定の方向性とは何か。　　　　　　　　　　　　　　　　　2400円＋税

もっと知りたい大学教員の仕事
大学を理解するための12章　羽田貴史 [編著]
カリキュラム，授業，ゼミ，研究倫理，大学運営，高等教育についての欠かせない知識を網羅。これからの大学教員必携のガイドブック。　　　　　　　　　　　　　　　　2700円＋税

大学におけるeラーニング活用実践集
大学における学習支援への挑戦2
大学eラーニング協議会・日本リメディアル教育学会 [監修]
大学教育現場でのICTを活用した教育実践と教育方法，教育効果の評価についての知見をまとめ様々なノウハウを徹底的紹介。　　　　　　　　　　　　　　　　　　　　3400円＋税

大学における学習支援への挑戦
リメディアル教育の現状と課題　日本リメディアル教育学会 [監修]
「教育の質の確保と向上」を目指して——500以上の大学・短大などから得たアンケート結果を踏まえ，日本の大学教育の最前線からプレースメントテスト・入学前教育・初年次教育・日本語教育・リメディアル教育・学習支援センターなど，60事例を紹介！　　　　　　　　2800円＋税

学生が変わるプロブレム・ベースド・ラーニング実践法
学びを深めるアクティブ・ラーニングがキャンパスを変える
バーバラ・ダッチほか／山田康彦・津田 司 [監訳]
PBL導入へ向けた組織的取組み，効果的なPBL教育の準備，多様な専門分野におけるPBL実践事例を網羅。　　　　　　　　　　　　　　　　　　　　　　　　　　　　3600円＋税

学生と楽しむ大学教育
大学の学びを本物にするFDを求めて　清水 亮・橋本 勝 [編]
学生たちは，大学で何を学び，何ができるようになったのか。個々の教員・職員・学生，そして大学コミュニティがもつ活力を活性化し，大学教育を発展させる実践を集約。　　3700円＋税

学生，大学教育を問う
大学を変える，学生が変える3　木野 茂 [編]
学生・教員・職員の関わる大学教育とは何か——全国の80以上の大学に広がった学生FD活動の実際と数百人の学生，教職員が集う白熱の学生FDサミットの内容を幅広く紹介。　2800円＋税

学生の納得感を高める大学授業
山地弘起・橋本健夫 [編]
授業改善のキーワードは学生の「納得感」。学生の自主的な学びの力を引き出す数々の方法や様々なツールを用いた授業実践を集約。 2800円+税

身体と教養
身体と向き合うアクティブ・ラーニングの探求　山本敦久 [編]
ポストフォーディズムのコミュニケーション社会において変容する身体と教育との関係を大学の身体教育の実践現場から捉える。 3300円+税

ゆとり京大生の大学論
教員のホンネ，学生のギモン
安達千李・新井翔太・大久保杏奈・竹内彩帆・萩原広道・柳田真弘 [編]
学生たち自らが企画し，大学教育とは何か，教養教育とは何かを問い，議論した，読者を対話へと誘う白熱の大学論！ 主な寄稿者：益川敏英・河合 潤・佐伯啓思・酒井 敏・阪上雅昭・菅原和孝・杉原真晃・高橋由典・戸田剛文・橋本 勝・毛利嘉孝・山極壽一・山根 寛・吉川左紀子他　1500円+税

ピアチューター・トレーニング
学生による学生の支援へ　谷川裕稔・石毛 弓 [編]
大学で学生同士の学びが進むには？　学生の学習を支援する学生＝「ピアチューター」を希望する学生のための基礎知識を網羅。ワークを行い，ふりかえるための様々な工夫がこらされた決定版。 2200円+税

話し合いトレーニング
伝える力・聴く力・問う力を育てる自律型対話入門
大塚裕子・森本郁代 [編著]
様々な大学での授業実践から生まれた，コミュニケーション能力を総合的に発揮する話し合いのトレーニングを便利で使いやすいワークテキストのかたちに。情報共有や問題解決のためのグループワークの決定版！　書き込み便利なワークシート付き。 1900円+税

ファシリテーター・トレーニング [第2版]
自己実現を促す教育ファシリテーションへのアプローチ
南山大学人文学部心理人間学科 [監修] ／津村俊充・石田裕久 [編]
組織の運営や活性化のために重要な役割を果たすファシリテーション・スキル養成のための好評テキスト。最新の内容を追加して改訂。 2200円+税

人間関係トレーニング [第2版]
私を育てる教育への人間学的アプローチ
南山大学人文学部心理人間学科 [監修] ／津村俊充・山口真人 [編]
人間関係を教育・訓練する体験学習をわかりやすく解説するベストセラーの改訂版。 2200円+税

高校・大学から仕事へのトランジション
変容する能力・アイデンティティと教育　溝上慎一・松下佳代［編］
若者はどんな移行の困難の中にいるのか――教育学・社会学・心理学を越境しながら，気鋭の論者たちが議論を巻き起こす！　　　　　　　　　　　　　　　　　　　　2800円＋税

私が変われば世界が変わる
学生とともに創るアクティブ・ラーニング　中　善則・秦美香子・野田光太郎・師　茂樹・山中昌幸・西澤直美・角野綾子・丹治光浩［著］
学生と学生，教員と学生，学生と社会，社会と大学をつなぐ。大学教育の実践現場から届いたアクティブ・ラーニング活用術。　　　　　　　　　　　　　　　　　　　　　　　2400円＋税

授業に生かすマインドマップ
アクティブラーニングを深めるパワフルツール　関田一彦・山﨑めぐみ・上田誠司［著］
アクティブラーニングを支援し，よりよい学びを深めるために，様々な場面で生かせるマインドマップ活用法を分かり易く丁寧に紹介。　　　　　　　　　　　　　　　　　　　2100円＋税

キャリア・プランニング
大学初年次からのキャリアワークブック　石上浩美・中島由佳［編著］
学びの心構え，アカデミック・スキルズはもちろんキャリア教育も重視したアクティブな学びのための初年次から使えるワークブック　　　　　　　　　　　　　　　　　　　　1900円＋税

3訂 大学 学びのことはじめ
初年次セミナーワークブック　佐藤智明・矢島　彰・山本明志［編著］
高大接続の初年次教育に最適なベストセラーワークブックをリフレッシュ。全ページミシン目入りで書込み，切り取り，提出が簡単！【教員用指導マニュアル情報有】　　　1900円＋税

理工系学生のための大学入門
アカデミック・リテラシーを学ぼう！　金田　徹・長谷川裕一［編著］
理工系学生のための初年次教育用テキスト。大学生としてキャンパスライフをエンジョイする心得を身につけ，アカデミック・ライティングやテクニカル・ライティング，プレゼンテーションなどのリテラシーをみがこう！【教員用指導マニュアル情報有】　　　　　　　　　1800円＋税

大学1年生のための日本語技法
長尾佳代子・村上昌孝［編］
引用を使いこなし，論理的に書く。徹底した反復練習を通し，学生として身につけるべき日本語作文の基礎をみがく初年次科目テキスト。【教員用指導マニュアル情報有】　　1700円＋税